Florian Forster

Computerunterstützung von kollaborativen Kreativitätsprozessen

Florian Forster

Computerunterstützung von kollaborativen Kreativitätsprozessen

Modell, Architektur und Evaluation eines einheitlichen Kreativitätsunterstützungssystems für Ideengenerierungs- und Ideenbewertungstechniken

Südwestdeutscher Verlag für Hochschulschriften

Impressum/Imprint (nur für Deutschland/only for Germany)
Bibliografische Information der Deutschen Nationalbibliothek: Die Deutsche Nationalbibliothek verzeichnet diese Publikation in der Deutschen Nationalbibliografie; detaillierte bibliografische Daten sind im Internet über http://dnb.d-nb.de abrufbar.

Verlag: Südwestdeutscher Verlag für Hochschulschriften GmbH & Co. KG
Dudweiler Landstr. 99, 66123 Saarbrücken, Deutschland
Telefon +49 681 37 20 271-1, Telefax +49 681 37 20 271-0
Email: info@svh-verlag.de

Zugl.: München, TU, Diss., 2010

Herstellung in Deutschland:
Schaltungsdienst Lange o.H.G., Berlin
Books on Demand GmbH, Norderstedt
Reha GmbH, Saarbrücken
Amazon Distribution GmbH, Leipzig
ISBN: 978-3-8381-1674-7

Imprint (only for USA, GB)
Bibliographic information published by the Deutsche Nationalbibliothek: The Deutsche Nationalbibliothek lists this publication in the Deutsche Nationalbibliografie; detailed bibliographic data are available in the Internet at http://dnb.d-nb.de.

Publisher: Südwestdeutscher Verlag für Hochschulschriften GmbH & Co. KG
Dudweiler Landstr. 99, 66123 Saarbrücken, Germany
Phone +49 681 37 20 271-1, Fax +49 681 37 20 271-0
Email: info@svh-verlag.de

Printed in the U.S.A.
Printed in the U.K. by (see last page)
ISBN: 978-3-8381-1674-7

Inhaltsverzeichnis

Abbildungsverzeichnis

Tabellenverzeichnis

1 Einleitung

"From the very nature of the inner conditions of creativity it is clear that they cannot be forced, but must be ommitted to emerge. The farmer cannot make the germ develop and sprout from the seed; he can only supply the nurturing conditions which will permit the seed to develop its own potentials. So is it with creativity." [Rog54]

1.1 Hintergrund

Der Begriff Kreativität ist heutzutage allgegenwärtig. Die EU ruft 2009 gar zum "europäischen Jahr der Kreativität und Innovation" aus[1] und bezeichnet Kreativität als "wichtige Grundlage, um Chancen unserer globalisierten Welt nutzen zu können". Während Kreativität lange Zeit als Domäne der Künstler galt, durchzieht der Begriff mittlerweile alle Lebensbereiche [Bru08]. Allen voran wird Kreativität in der Ökonomie gefordert (insbesondere im Verbund mit Innovation als schöpferische bzw. kreative Zerstörung nach Schumpeter [Sch08]), der Begriff findet sich aber auch häufig im Kontext von Wissenschaft [Pye01], im Sport [RT99] und auch im Privaten [Don00].

Dabei wurde Kreativität den größten Teil der Menschheitsgeschichte als eine magische, nicht weiter ergründbare Begabung betrachtet, die nur einigen wenigen gesegneten Individuen in die Wiege gelegt wurde [Eys95]. Erst in den 1950er Jahren wurde Kreativitätsforschung als eigener Forschungsbereich - losgelöst von der Intelligenzforschung - wahrgenommen [May99]. Diese systematische Beschäftigung mit dem Phänomen Kreativität führte rasch zu dessen Demystifizierung: es wurde zum einen klar, dass tatsächlich jeder Mensch die Fähigkeit zum "schöpferischen Denken" besitzt und dass diese Fähigkeit zum anderen kein unveränderliches Wesensmerkmal ist, sondern im Gegenteil durch bestimmte Maßnahmen beeinflusst und somit auch gesteigert werden kann.

Dieses Umdenken ebnete den Weg für die in den folgenden Jahren in schier unüberschaubar

[1] Europäisches Jahr 2009, http://www.ejki2009.de. (Stand: 01.10.2009)

großer Anzahl entwickelten Kreativitätstechniken. Kreativitätstechniken können als Denk- und Verhaltensregeln für Individuen oder ganze Gruppen verstanden werden, durch deren Anwendung die kreative Leistungsfähigkeit gesteigert werden soll. Die bekannteste Kreativitätstechnik ist sicherlich das von Osborn vorgeschlagene Brainstorming, das auf vier recht eingänglichen Verhaltensregeln beruht, deren positiven Effekte (bei korrekter Durchführung) in mehreren Studien belegt werden konnten [Isa98].

Neben den Möglichkeiten, Kreativität durch Denk- und Verhaltensregeln zu beeinflussen wurde ab den 1980er Jahren untersucht, wie die Kreativität von Individuen oder Gruppen durch den Einbezug von Computern gesteigert werden könnte. Die Computerunterstützung von Kreativitätsprozessen bietet zunächst offensichtliche organisatorische Vorteile wie die Option einer räumlich- und zeitlich verteilten Zusammenarbeit oder der Vermeidung von Medienbrüchen bei einer elektronischen Weiterverarbeitung der Prozessergebnisse. Es konnte aber auch gezeigt werden, dass Gruppen auch ceteris paribus von einer Computerunterstützung des Kreativitätsprozesses profitieren, da die Computerunterstützung negative Effekte, die sich aus der Gruppensituation ergeben, abmildern kann [VDC94]. Weiterhin wurde belegt, dass die Denk- und Verhaltensregeln für Kreativitätstechniken auch im Rahmen einer Computerunterstützung die Kreativität steigern können. Dies gilt sowohl für die individuelle Nutzung [MW94] als auch im Gruppenkontext [BN98].

Dieser Erkenntnis folgend erschöpft sich die gängige Form der Computerunterstützung von Kreativitätsprozessen in der Umsetzung einer oder bestenfalls einiger weniger Kreativitätstechniken in einem Softwaresystem [For08]. Allerdings hängt die Effektivität einer Kreativitätstechnik im konkreten Fall von zahlreichen Parametern wie der Problemdomäne, dem Problemtyp, der Anzahl der beteiligten Personen, der Gruppenzusammensetzung oder organisatorischen Rahmenbedingungen wie dem Zeitrahmen ab. Die Wahl der Technik hat auch Einfluss auf die Art der generierten Ideen: die Reizwortmethode, bei der die Teilnehmer ihre Lösungen mit einem problemfernen, zufälligen Wort semantisch verknüpfen sollen, führt zum Beispiel in der Regel zu deutlich ausgefalleneren Ideen als das klassische Brainstorming. Häufig wird auch eine Kombination verschiedener Techniken empfohlen, um den Lösungsraum des Problems in seinem ganzen Umfang erforschen zu können oder Ideen durch eine Bewertung in eine Rangfolge zu bringen.

Den aktuellen Ansätzen zur Computerunterstützung von Kreativitätsprozessen mangelt es an der dafür nötigen Prozessflexibilität, da sie in der Regel nur eine bestimmte Kreativitätstechnik umsetzen. Somit kann von der Vielfalt an Kreativitätstechniken, die jeweils ihre eigenen Stärken und Schwächen aufweisen, nicht ausreichend profitiert werden. Dies führt dazu, dass in der Praxis zahlreiche unterschiedliche Softwaresysteme kombiniert eingesetzt werden, die nur jeweils einzelne Facetten des Kreativitätsprozesses unterstützen können [Nem04] [MWLM07].

1.2 Zielsetzung

Ziel dieser Arbeit ist es, einen Ansatz für ein generisches Kreativitätsunterstützungssystem zu entwickeln, mit dem sich eine Vielzahl von unterschiedlichen Kreativitätstechniken durchführen lassen. Der Kreativitätsprozess soll dabei ganzheitlich unterstützt werden, d.h. sowohl die Ideengenerierung als auch die Ideenbewertung müssen Berücksichtigung finden. Ein auf diesem Ansatz aufbauendes Softwaresystem kann in der Praxis also flexibler und damit auch situationsadäquater eingesetzt werden als es mit bisherigen Kreativitätsunterstützungssystemen möglich ist.

Als Grundlage für ein generisches Kreativitätsunterstützungssystem soll dabei ein formalisiertes, die wesentlichen Elemente von allgemeinen Kreativitätsprozessen und im Speziellen von kreativitätstechnikbasierten Prozessen abbildendes Prozessmodell stehen. Dieses Modell muss darüber hinaus wesentliche Erkenntnisse aus der Kreativitätsforschung berücksichtigen.

Eine auf dem Modell aufbauende Softwarearchitektur soll weitgehend von der konkreten Form der Computerunterstützung abstrahieren, so dass der entwickelte Ansatz als Grundlage für verschiedene konkrete (Benutzeroberflächen-)Implementierungen dienen kann und somit auch in diesem Punkt die Flexibilität existierender Konzepte übertreffen soll. Schließlich soll die technische Umsetzbarkeit und die praktische Tragfähigkeit des erarbeiteten Ansatzes hinreichend belegt werden.

1.3 Aufbau

Die Arbeit gliedert sich in 7 Kapitel

In Kapitel 1 sollen Thema und Zielrichtung der Arbeit prägnant zusammengefasst dargestellt werden, um dem Leser einen ersten Eindruck über Inhalte, Aufbau, Vorgehen und zu erwartende Ergebnisse der Arbeit zu vermitteln.

Kapitel 2 beschäftigt sich im ersten Abschnitt eingehend mit den für diese Arbeit fundamentalen Thema der Unterstützung von Kreativität. Neben der Definition der zentralen Begriffe wird auch ein Einblick in die Struktur und Ergebnisse der Kreativitätsforschung gegeben. Im zweiten Abschnitt wird die Theorie der Kreativitätsprozesse behandelt. Unterschiedliche Modellierungsansätze werden vorgestellt und ihre Eignung zur Ableitung von Maßnahmen zur Kreativitätsunterstützung diskutiert. Im letzten Abschnitt werden Kreativitätstechniken als eine Form der Kreativitätsunterstützung thematisiert und verschiedene Vorschläge zu deren Kategorisierung diskutiert. Eine Zusammenstellung der wichtigsten empirischen Forschungsergebnisse über Kreativitätstechniken runden das Kapitel ab.

In Kapitel 3 werden die Grundlagen von Kreativitätsunterstützungssystemen dargestellt, indem zunächst die zentralen Begriffe und Ansätze solcher Systeme beschrieben werden. Danach wird auf die Ergebnisse der empirischen Forschung in diesem Feld eingegangen. Im Anschluss werden die aus der Forschung gewonnenen Designprinzipien, die bei der Gestaltung von Kreativitätsunterstützungssystemen zu beachten sind, zusammengefasst. Abschließend werden exemplarisch einige existierende Systeme vorgestellt und mit Blick auf die Designprinzipien diskutiert.

Der wesentliche theoretische Beitrag der Arbeit wird in Kapitel 4 beschrieben. Die Möglichkeiten zur Unterstützung kognitiver Prozesse, Kreativitätsprozesse und kreativitätstechnikbasierter Prozesse werden systematisch ausgearbeitet und in ein einheitliches Modell des Kreativitätsprozesses integriert. Erstmals wurden dazu in dieser Arbeit eine große Anzahl von Kreativitätstechniken aus einer prozessorientierten Sichtweise analysiert und deren gemeinsame Funktionsmuster identifiziert. Im zweiten Teil des Kapitels wird eine Formalisierung des Modells beschrieben.

Kapitel 5 beschreibt eine Architektur für ein generisches Unterstützungssystem, das auf dem in Kapitel 4 definierten Prozessmodell arbeitet. Die wesentlichen Komponenten der Architektur sowie deren Zusammenspiel werden detailliert erläutert. In die Architektur fließen auch aus der Forschungsliteratur gewonnene Designempfehlungen für Kreativitätsunterstützungssystemen ein.

Die Umsetzung sowie die Evaluation des Systems und die daraus gewonnenen Erkenntnisse werden im Kapitel 6 dargestellt. Dabei wird zunächst auf die im Rahmen dieser Arbeit erfolgte Implementierung der in Kapitel 5 beschriebenen Architektur im Kreativitätsunterstützungssystem *IdeaStream* eingegangen. Es werden eine Reihe von verschiedenen Benutzeroberflächen gezeigt, die die Flexibilität des Ansatzes unterstreichen. Im Anschluss wird eine Nutzerstudie beschreiben und deren Ergebnisse ausführlich diskutiert.

Kapitel 7 fasst die in dieser Arbeit gewonnen Ergebnisse zusammen und beschreibt einige Forschungsschritte, die aufbauend auf diese Arbeit unternommen werden können.

2 Kreativitätsunterstützung

In diesem Kapitel werden zunächst theoretische Grundlagen zum Thema Kreativität beschrieben. Zentrale Theorien und Modelle der Kreativitätsforschung werden vorgestellt und die für die Arbeit maßgeblichen Begriffe werden definiert. Die wichtigsten Modellierungsansätze für den kreativen Prozess werden erläutert und ihre Aussagekraft bezüglich einer Unterstützung des kreativen Prozesses werden diskutiert. Schließlich werden Kreativitätstechniken als ein Mittel zur Unterstutzung kreativer Prozesse erläutert und empirische Erkenntnisse über deren Einsatz und Wirkung zusammengefasst.

2.1 Kreativität

Der Begriff Kreativität leitet sich vom lateinischen creare ab und bezeichnet daher vom direkten Wortsinn etwas Schöpferisches oder die Schöpfungskraft. Trotz seiner intuitiven Verständlichkeit offenbart der für diese Arbeit zentrale Begriff bei eingehender Betrachtung aber eine erstaunliche Fülle an inhaltlichen Dimensionen und konzeptionellen Unschärfen. Dementsprechend gibt es eine große Menge unterschiedlicher Definitionen, wodurch die wissenschaftliche Diskussion über das Thema erheblich erschwert wird [Par99].

Die erwähnte Vielfalt ergibt sich maßgeblich aus den unterschiedlichen Perspektiven, die man als Ausgangspunkt für eine Begriffsdefinition einnehmen kann. Rhodes schlägt vier unterschiedliche Perspektiven vor, die als die 4Ps der Kreativität bekannt geworden sind (siehe auch Abbildung 2.1) [Rho61]: Person (Wer ist kreativ?), Product (Was ist kreativ?), Process (Wie ist man kreativ?) und Press (Welches Umfeld ist kreativ?).

Neben den 4Ps gibt es weitere Kategorisierungsversuche, z.B. nach Innenperspektive (Erleben) und Außenperspektive (Verhalten) oder die Unterscheidung zwischen individueller und gruppenbezogener Kreativität [Bro06]. Im Folgenden wird der Kreativitätsbegriff unter den 4Ps genauer beleuchtet:

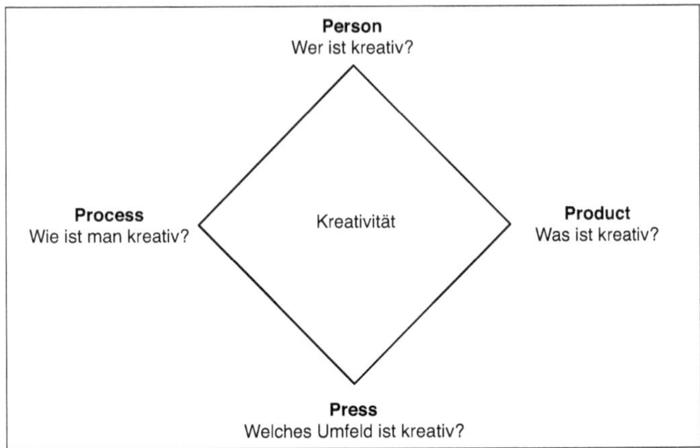

Abbildung 2.1: 4Ps der Kreativität nach Rhodes.

Personenperspektive (Person)

Aus dieser Perspektive ist Kreativität eine Charaktereigenschaft einer Person. Eine Definition muss insbesondere klären, wie sich Kreativität in einer Person bemerkbar macht.

Guilford sieht in Kreativität eine Aggregation von vier persönlichen Eigenschaften [Gui50]: Originalität, Ideenfluss, Flexibilität und Fähigkeit zur Elaboration. Um zu verhindern, einen unscharfen Begriff durch vier ebenso unscharfe Begriffe zu definieren, gibt er zusätzlich für jede Eigenschaften einen Ansatz zur Ausprägungsbestimmung im konkreten Fall an: die persönliche Originalität soll durch die Neuheiten der Ideen einer Person bestimmt werden. Der Ideenfluss leitet sich aus der reinen Anzahl geäußerter Ideen ab. Die Flexibilität wird durch die Unterschiedlichkeit der gefundenen Ideen erhoben, während sich die Fähigkeit zur Elaboration im Konkretheitsgrad und im Detailreichtum der Ideen niederschlägt.

Die Reduzierung des komplexen Themas Kreativität auf die vier von Guilford definierten Merkmale wird regelmäßig kritisiert. Exemplarisch seien hier Amabile, die die Vernachlässigung des sozialen Aspekte von Kreativität bemängelt [Ama83], und Kim, die auf die widersprüchlichen Ergebnisse von auf dieser These aufbauenden Kreativitätstests aufmerksam macht [Kim06], genannt. Trotzdem sind derartige Kreativitätstests - auch aufgrund mangelnder Alternativen - immer noch ein Standardverfahren der Kreativitätsforschung. Erwähnenswert ist die Tatsache, dass es bisher noch nicht gelungen ist, eine mit dem Intelligenzquotienten vergleichbare Maßzahl für persönliche Kreativität (Kreativitätsquotient) zu ermitteln. Kreativität scheint demnach kein besonders stabiles Merkmal zu sein [PR99, 40]. Dies lässt die Deutung zu, dass sich Kreativität stärker als z.B. rational-logische Denkprozesse beeinflussen lässt.

Produktperspektive (Product)

Nimmt man diese Perspektive ein, ist es die Aufgabe einer Begriffsdefinition festzulegen, welche Eigenschaften ein Produkt haben muss, damit ihm Kreativität zugeschrieben werden kann. Als Produkt sind hier sowohl Konkreta (z.B. Bilder, Texte, Fahrzeuge) als auch Abstrakta (z.B. Ideen, Konzepte, Theorien) zu verstehen.

In diesem Sinne definieren Stein und Heinze ein kreatives Produkt als "novel work that is accepted as tenable or satisfying by a group at some point in time" [SH60]. In die gleiche Richtung geht die Definition von Sternberg und Lubbert [SL99], die "work that is both novel (i.e. original, unexpected) and appropriate (i.e. useful, adaptive concerning task constraints)" als kreativ bezeichnen. Boden weist dabei auf die Relativität des Neuheitsbegriffs hin und schlägt vor, zwischen P-Kreativität und H-Kreativität zu differenzieren [Bod03]. Als P-kreativ bezeichnet sie Ideen, die aus der Sicht eines bestimmten Individuums neu sind, während H-kreative Ideen für die ganze Menschheit (also für alle Individuen) einen Neuheitswert haben.

Prozessperspektive (Process)

Aus der Prozesssicht ist Kreativität eine Abfolge von bestimmten Aktivitäten. Eine Definition muss diese Aktivitäten genauer beschreiben und damit von anderen, nicht-kreativen Prozessen abgrenzen. Diesem Ansatz folgend definiert Torrence Kreativität folgendermaßen [Sha98]:

> "I tried to describe creative thinking as the process of sensing difficulties, problems, gaps in information, missing elements, something askew; making guesses and formulating hypotheses about these deficiencies, evaluating and testing these guesses and hypotheses; possibly revising and retesting them; and finally communicating the results. I like this definition because it describes such a natural process."

Rohr dagegen definiert einen kreativen Prozess wie folgt [Roh75]:

> "Ein Prozess ist dann kreativ, wenn er in Problem- und Konfliktsituationen

> zu optimierenden Umstrukturierungen führt. Der Prozess der Problemlösung folgt in solchen Fällen nicht analytisch-logischen Überlegungen."

Durch diese Definition werden die genauen Abläufe des kreativen Prozesses aber nicht weiter charakterisiert. Ein wichtiges Ziel der Kreativitätsforschung ist es aber, diese Abläufe präzise zu modellieren, um den Kreativitätsprozess besser verstehen und in der Folge auch effektiver unterstützen zu können. In Abschnitt 2.2.1 werden zentrale Modellierungsansätze detailliert beleuchtet.

Umfeldperspektive (Press)

Bei dieser Sichtweise wird die Bedeutung des Umfelds auf Kreativität betont, ohne den Versuch zu machen, Kreativität *ausschließlich* auf die Wirkung eines Umfelds zurückzuführen. Aus dieser Perspektive haben sich also keine eigenständigen Definition entwickelt, wohl aber wurden existierende Definitionen um diese Dimension erweitert. So stützt sich beispielsweise die Definition von Csikszentmihalyi auf eine Produktperspektive, die er auf eine Umfeldperspektive ausweitet [Csi97]:

> "Wenn wir unter Kreativität eine Idee [...] verstehen, die neu und wertvoll ist, dann können wir die Beurteilung des einzelnen nicht als Maßstab für die Existenz der Kreativität akzeptieren. Man kann unmöglich wissen, ob ein Gedanke neu ist, es sei denn, man zieht gewisse Vergleichsmaßstäbe heran, und ob er wertvoll ist, hängt von der Einschätzung der Gemeinschaft ab."

Csikszentmihalyi argumentiert daher für ein Systemmodell der Kreativität, bei dem Kreativität sich in der Veränderung oder Neubegründung einer Domäne ausdrückt, aber nur durch die explizite oder implizite Akzeptanz des Felds der Domäne wirksam wird.

Definitionen für diese Arbeit

Die Ausführungen machen deutlich, dass Kreativität ein komplexes multidimensionales Konstrukt ist und sich somit einer eindeutigen, allgemeingültigen und konsensfähigen Begriffsdefinition entzieht [Fel99]. Die in der Literatur beschriebenen Erklärungsversuche sind jeweils partiell, da sie explizit oder implizit bestimmte Aspekte der Kreativität ausblenden. Bei der Beschäftigung mit dem Thema Kreativität wird das Begriffsverständnis im konkreten Fall hauptsächlich von der verfolgten Zielrichtung abhängen.

Definition 1 (Kreativitätsprozess) *Ein kreativer Prozess oder Kreativitätsprozess ist* *eine Menge von Aktivitäten, die auf das Finden von kreativen Ideen abzielen. Sind an diesem Prozess mehrere Personen beteiligt, handelt es sich um einen kollaborativen Kreativitätsprozess.*

Gemäß dieser Definition endet der kreative Prozess spätestens, wenn kreative Ideen gefunden worden sind. Demnach wird die Umsetzung nicht mehr dem kreativen Prozess zugerechnet. Dass diese Beschränkung auf Ideen keine tatsächliche Einschränkung in der Praxis bedeutet, wird aus der Definition des kreativen Produkts klar:

Definition 2 (Kreatives Produkt) *Ein kreatives Produkt ist dadurch gekennzeichnet, dass es (zumindest für eine bestimmte Gruppe von Personen) neu ist und einen Wert besitzt. Kreative Produkte sind abstrakt (Ideen) oder konkret (z.B. anfassbare Objekte), wobei jedem konkreten Produkt eine Idee vorangeht.*

Es ist offensichtlich, dass ein konkretes Produkt erst dann geschaffen werden kann, wenn zuvor eine Idee dafür existiert hat. Die Begrenzung des kreativen Prozesses auf Ideen schränkt die Anwendbarkeit in der Praxis daher nicht ein. Tatsächlich ist es üblich, von der Idee direkt auf das konkrete Produkt zu schließen - die Kreativität, die man einer Idee zuspricht, entspricht ja eigentlich der Kreativität, der man der konkreten Umsetzung der Idee zusprechen würde. Der Prozess der Umsetzung verändert die Kreativität eines Produkts also nicht mehr und kann daher auch nicht selbst als kreativ bezeichnet werden.

Auf dieser Basis lässt sich nun wiederum eine Definition für Kreativität aufbauen:

Definition 3 (Kreativität) *Kreativität ist die Fähigkeit, kreative Produkte zu erschaffen. Auch wenn es individuelle Unterschiede in der Ausprägung dieser Fähigkeit gibt, ist jede Person grundsätzlich in der Lage, kreativ zu sein. Die kreative Leistung in einer konkreten Situation wird sowohl durch Persönlichkeitsmerkmale als auch durch den situativen Kontext beeinflusst.*

Die Definition trägt den Erkenntnissen der Kreativitätsforschung Rechnung, dass Kreativität zwar als Persönlichkeitsmerkmal begreifbar ist, aber auch deutlich stärker als andere Merkmale vom Kontext, in dem die Leistung erbracht werden soll, beeinflusst wird. Durch Manipulation des Kontexts kann daher positiv oder negativ auf den Kreativitätsprozess und damit auf die kreative Leistung eingewirkt werden. Um zu klären, wie man den Prozess positiv beeinflussen könnte, muss zunächst ein tieferes Verständnis des Kreativitätsprozesses entwickelt werden.

2.2 Kreative Prozesse

Im vorhergehenden Abschnitt wurde ein kreativer Prozess als Folge von Aktivitäten definiert, deren Ergebnis eine kreative Idee ist. Die hauptsächlich von Seiten der psychologischen Forschung vorangetriebenen Ansätze zur präziseren Beschreibung dieser Prozesse lassen sich in deskriptive und kognitive Modelle gliedern. Deskriptive Modelle versuchen eine Beschreibung aus der Außenperspektive, gehen also auf die von außen beobachtbaren Aspekte ein, während die kognitiven Modelle aus einer Innenperspektive formuliert werden. In diesem Abschnitt werden beide Ansätze vorgestellt und mit Beispielen aus der Literatur illustriert.

2.2.1 Deskriptive Modelle

Deskriptive Modelle basieren auf der Idee, den kreativen Prozess in Form eines Phasenmodells von (vorrangig) kognitiven, sequentiell durchgeführten Aktivitäten zu beschreiben. Einige bedeutende, auf diesem Ansatz aufbauende Prozessmodelle sollen im Folgenden vorgestellt werden. Dabei werden zur Benennung der Phasen die von den Autoren verwendeten Bezeichnungen herangezogen. Da sich die Modelle überlappen, tauchen für inhaltlich gleiche oder sehr ähnliche Phasen daher teilweise trotzdem unterschiedliche Bezeichnungen auf.

Prozessmodell nach Wallas

Das erste Phasenmodell wurde 1926 von Wallas publiziert, der den kreativen Prozess als sequentielle Abfolge von vier Denkschritten modelliert [Wal26]:

1. Preparation (Vorbereitung): Intellektuelle Beschäftigung mit dem Thema / der Fragestellung.
2. Incubation (Inkubation): Abwenden vom Thema und Beschäftigung mit themenfremden Aktivitäten.
3. Illumination (Einfall): Spontane Lösungsfindung (unterbewusste Eingebung).
4. Verification (Überprüfung): (Geistige) Prüfung der tatsächlichen Eignung des Einfalls für die ursprüngliche Fragestellung.

Wallas beschränkt den kreativen Prozess damit auf den kognitive Bereich. Analog zu den Überlegungen aus 2.1 sind die Prozessergebnisse demnach Ideen, und die Umsetzung der

Ideen in die Tat ist nicht mehr Teil des kreativen Prozesses.

Dies bildet eine fundamentale Trennlinie zu Innovationsprozessen, die zusätzlich die Implementierung der Idee umfassen [HS07]. Die betriebswirtschaftliche Herkunft des Innovationsbegriffs zeigt sich in der Forderung, dass die Implementierung der Idee - neben ihrer Neuheit - auch (am Markt) erfolgreich sein muss, um als Innovation bezeichnet zu werden. Jede Innovation ist demnach auch ein kreatives Produkt, während nicht jedes kreative Produkt eine Innovation ist.

Von einer Außenperspektive betrachtet ist ein kreativer Prozess nach Wallas ein Vorgehen, bei dem als "Eingabe" ein Problem (in Form einer Fragestellung) benötigt wird, und als "Ausgabe" eine Menge von Lösungen für dieses Problem produziert werden. In diesem Sinne werden kreative Prozesse auch als kreative Problemlösungsprozesse bezeichnet.

Prozessmodell nach Amabile

In der Folge wurden weitere Phasenmodelle vorgeschlagen. So unterscheidet Amabile [Ama96] fünf Phasen des kreativen Prozesses:

1. Problemidentifikation. Der ursprüngliche Stimulus, um den Prozess zu starten. Dieser Stimulus kann sowohl von außen vorgegeben sein als auch selbst gesetzt werden.
2. Vorbereitung. Notwendige Informationen abrufen oder einholen.
3. Antwortgenerierung. In Gedanken mögliche Antworten generieren, insbesondere durch neuartige Verknüpfungen bereits bekannter Informationen.
4. Antwortüberprüfung und Kommunikation. Eignung der Antworten aus vorheriger Phase gegen Faktenwissen oder andere Kriterien prüfen.
5. Ergebnis: Endgültige Bewertung des Ergebnisses. Ist das Ergebnis befriedigend, ist der Prozess beendet. Ansonsten wird eine weitere Iteration gestartet.

Amabile fasst die im Wallas-Modell noch separaten Phasen Incubation und Illumination zu einer gemeinsamen Antwortgenerierungsphase zusammen und definiert eine neue Phase zu Beginn des Prozesses: Die Problemidentifikationsphase markiert den Ausgangspunkt der Beschäftigung mit einem Problem und ist zugleich die Motivation für den kreativen Prozess. Amabile betont durch die Hinzunahme der Antwortkommunikation in den vierten Prozessschritt die Bedeutung der Ideenexplizierung und berücksichtigt so zumindest ansatzweise die Umfeld-Dimension der Kreativität (siehe Abschnitt 2.1). In der Beschreibung der Ergebnisphase, die den letzten Schritt im Prozess darstellt, weist Amabile auf die

Möglichkeit zur Iteration des Prozesses hin. In diesem Fall können dann auch nur einzelne Phasen des Prozesses wiederholt werden.

Prozessmodell nach Basadur

Basadur [BPSB00] schlägt ein sechsstufiges Modell des Kreativitätsprozesses vor:

1. Problemfindung: Aufdecken eines Problems, wobei in der Regel an dieser Stelle noch kein klares Problemverständnis besteht. Vielmehr wird man sich einer unbefriedigenden Situation bewusst und sieht in deren Verbesserung einen Anlass, (kreativ) über Lösungsmöglichkeiten nachzudenken, also den kreativen Prozess zu beginnen. Basadur spricht von "fuzzy situation".

2. Faktenbeschaffung: Sammeln und Verarbeiten von Informationen über das Problem. An dieser Stelle kann sich auch herausstellen, dass bereits eine adäquate Lösung für das empfundene Problem existiert. In diesem Fall wird der kreative Prozess nicht fortgeführt.

3. Problemdefinition: Präzise Formulierung des Problems sowie Festlegung von Randbedingungen, die akzeptable Lösungen erfüllen müssen.

4. Ideenfindung: Generieren von Ideen als mögliche Lösungen für das Problem. Eine Bewertung der Ideen soll in dieser Phase ausdrücklich unterbleiben.

5. Ideenbewertung und -auswahl: Bewertung der Ideen hinsichtlich ihres Beitrags zur Lösung des Problems. Entscheidung über die weiter zu verfolgenden Ideen durch Auswahl.

6. Planung: Festlegen der nächsten Schritte zur Konkretisierung der zu verfolgenden Ideen.

Der zunächst wesentliche Unterschied zum Modell von Amabile ist die explizite Modellierung einer Problemdefinitionsphase. Basadur stützt sich dabei auf eine Feldstudie von Getztels [Get75], in der ein positiver Zusammenhang zwischen Berücksichtigung einer Problemdefinitionsphase und der kreativen Leistung gezeigt wurde. Zugleich wird durch die Planungsphase eine Brücke zum Innovationsprozess geschlagen. Basadur liefert auch eine genauere Beschreibung der Problemfindungsphase, die der Problemidentifikationsphase im Modell von Amabile entspricht, dort aber nur weniger präzise definiert ist.

Prozessmodell nach Osborn / Parnes

Das Phasenmodell des Kreativitätsprozesses nach Osborn / Parnes wird auch als CPS (Creative Problem Solving) - Prozessmodell bezeichnet und sieht in seiner letzten Ausbaustufe sechs Phasen vor [Par92]:

1. Zielfindung: Identifizieren einer zu lösenden Aufgabe (Herausforderung, störende Situation). Im Englischen wird die Phase auch als "Messfinding"bezeichnet.
2. Faktenbeschaffung: Sammeln und Verarbeiten von Daten über das Aufgabenfeld.
3. Problemdefinition: Präzise Formulierung des Problems sowie Festlegung von Randbedingungen, die akzeptable Lösungen erfüllen müssen.
4. Ideenfindung: Generieren von Ideen als mögliche Lösungen für das Problem. Eine Bewertung der Ideen soll in dieser Phase ausdrücklich unterbleiben.
5. Lösungsfindung und -auswahl: Evaluierung und Auswahl der besten Ideen.
6. Akzeptanzfindung: Klären, wie die gewählte(n) Lösung(en) in die Tat umgesetzt werden können, welche Personen dazu benötigt werden, welche Aktivitäten zu erledigen sind etc..

Das Modell von Osborn / Parnes und das von Basadur können als strukturell äquivalent bezeichnet werden.

Von besonderem Interesse ist die Beobachtung von Parnes, wonach die Aktivitäten innerhalb der Prozessschritte als Abfolge einer divergenten und einer konvergenten Phase beschrieben werden können. In der divergenten Phase eines Schritts werden Antworten auf die durch den Prozessschritt vorgegebene Frage gesammelt, mit der Prämisse "Quantität vor Qualität". In der sich anschließenden konvergenten Phase werden dann die geeignetsten Antworten ausgewählt. Van Gundy fasst das Prinzip so zusammen: "in the divergent phase, you just create entries, in the convergent phase you select hits or cluster to hotspots" [Van92]. Die zwei Phasen lassen sich auf eine erstmals von Guilford beschriebenen Theorie zurückführen, nach der die Kombination zweier Denkstile - explorativen, freien divergenten Denken sowie zielgerichtetes, analytisches konvergenten Denken - notwendig ist, um kreative Leistungen erbringen zu können [Gui67].

Wendet man dieses Muster konsequent auf das Modell von Osborn/Parnes an, ergibt sich ein fünfstufiger Prozess[1], jeweils als Folge einer divergenten und einer konvergenten Phase. Abbildung 2.2 stellt diese Beziehung graphisch dar. Das Prinzip lässt sich analog

[1] Es wird eine Phase eingespart, da die Ideenfindungs- und die Lösungsphase des ursprünglichen Modells jeweils nur eine divergenten bzw. konvergenten Phase beinhalten.

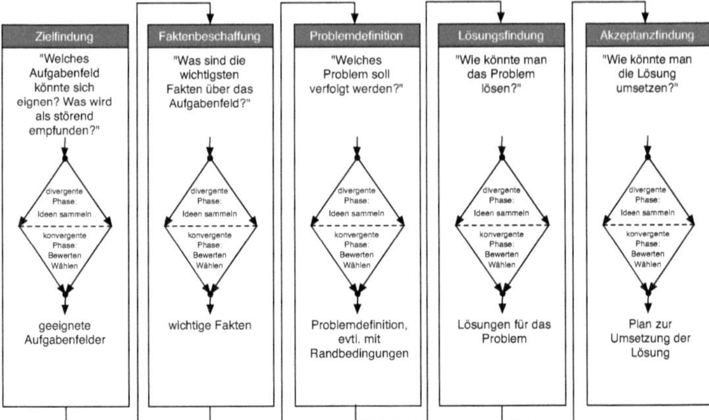

Abbildung 2.2: Prozess von Osborn / Parnes modelliert als Abfolge von divergenten und konvergenten Phasen.

auf die anderen hier vorgestellten Prozessmodelle anwenden und wird in Kapitel 4 wieder aufgegriffen.

Zusammenfassend lässt sich feststellen, dass zahlreiche deskriptive Phasenmodelle für den kreativen Prozess vorgeschlagen wurden. Die Ansätze unterscheiden sich dabei naturgemäß in der Granularität und im Umfang, haben aber als eine zentrale Gemeinsamkeit die Differenzierung von divergenten und konvergenten Teilphasen. Über die Abläufe innerhalb der Teilphasen liefern die deskriptiven Prozesse allerdings nur ein äußerst vages Bild. Daher lassen sich auch keine Rückschlüsse darüber ziehen, wie man nun eine divergente oder konvergente Teilphase sinnvoll unterstützen könnte.

2.2.2 Kognitive Modelle

Während die deskriptiven Modelle den Kreativitätsprozess von einer Außenperspektive beschreiben, wird bei den kognitiven Modellen eine Innenperspektive eingenommen mit dem Ziel, die kognitiven Vorgänge während eines kreativen Prozesses genauer zu charakterisieren.

Geneplore Modell

Eine zentrale Rolle in diesem Bereich spielt das Geneplore Modell von Finke et. al [FWS92]. Gemäß dieses Modells entstehen kreative Denkprozesse durch die Verknüpfung zweier kognitiver Phasen (vgl. auch Abbildung 2.3):

- Generative Phase (*Generation of Preinventive Structures*): In den generativen Phasen werden sogenannte präinventive Strukturen durch Assoziationen, gedankliche Synthesen, gedankliche Transformationen oder Analogiebildungen erzeugt.
- Explorative Phase (*Preinventive Exploration and Interpretation*): In den explorativen Phasen werden die präinventiven Strukturen durch Attributuntersuchungen, Konzeptinterpretationen, Funktionsüberlegungen und Hypothesentests geprüft. Die Schlüsse, die aus der explorativen Phase gezogen werden, können dann bei der Generierung weiterer präinventiver Strukturen Berücksichtigung finden (Geneplore-Zyklus).

Der Übergang von der generativen Phase zur explorativen Phase kann als Konzeptfokussierung (*Focus Concept*) verstanden werden. Bei umgekehrten Weg wird das Konzept erweitert (*Expand Concept*). Den gemeinsamen Kontext für das Wechselspiel der beiden Phasen bilden die Produktbeschränkungen (*Product Constraints*). Sie sind meist implizit in Form einer Problemdefinition gegeben und wirken auf beide Phasen ein. Sie stecken also den erwünschten Ergebnisraum ab.

Weitere kognitive Modelle

Bereits vor dem Geneplore Modell wurden zahlreiche kognitive Modelle für kreative Prozesse entwickelt. Als Beispiele seien hier die die Arbeiten von Mednick [Med62] (Assoziationen), Thompson und Klatzy [TK78] (gedankliche Synthesen) und Shepard [She78] (Konzeptinterpretationen) genannt. Die Ansätze betrachten allerdings immer nur Teilaspekte des kreativen Prozesses. Auch da ein Großteil dieser Konzepte in dem Geneplore-Modell aufgegangen ist [WSF99], werden sie nicht weiter thematisiert.

Es bleibt festzuhalten, dass die kognitiven Modelle konkretere Aussagen zu den Abläufen während des Kreativitätsprozesses treffen als die deskriptiven Modelle. Die zwei Phasen des Geneplore Modells integrieren dabei die unterschiedlichen Teilmodelle in diesem Bereich. Eine Brücke zwischen den deskriptiven und den kognitiven Ansätzen lässt sich über die offenkundige Kongruenz der generativen / explorativen Phase der kognitiven Modelle und der divergenten / konvergenten Phase der deskriptiven Modelle schlagen.

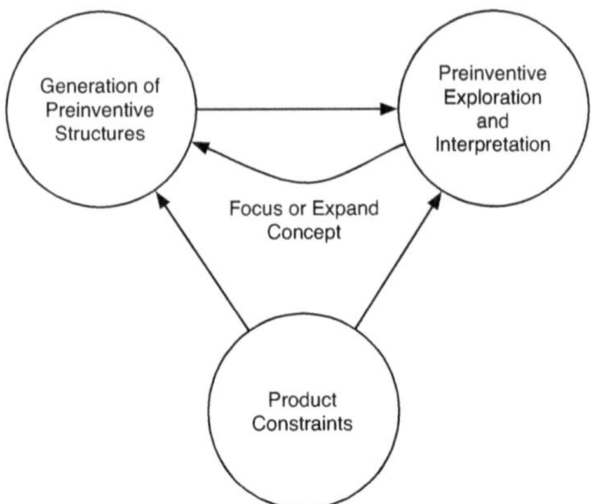

Abbildung 2.3: Geneplore Modell. Quelle: Finke et. al [FWS92].

Allerdings leiden auch die kognitiven Modelle an dem Problem, dass sich aus ihnen nur schwer Konsequenzen für die Praxis ableiten lassen. Die Frage, wie man nun beispielsweise die Kreativität von Gruppen fördern kann, lässt sich nur auf Basis von Prozessmodellen nicht eindeutig beantworten. Ursachen dafür sind unter anderem fehlende Aussagen zu Ursache-Wirkungs-Zusammenhängen sowie die Nichtberücksichtigung zeitlicher und sozialer Einflüsse. Sutherland wird bezogen auf die Schwächen der kreativen Prozessmodelle folgendermaßen zitiert (vgl. [Nes87]):

> Creativity, whether in science, literature, music, painting or everday life remains a mystery, despite the fact that psychologists are increasingly turning their attention to the topic. [...] Too often they put old ideas together in imprecise ways, call the result a new theory (or model) and give it a high-sounding name [...] The outcome is usually too commonplace to be new and too vague to be a theory.

Sowohl die deskriptiven als auch die kognitiven psychologischen Modelle definieren einen allgemeinen Rahmen für kreative Prozesse. Aufgrund des hohen Abstraktionsgrads gestaltet sich eine Operationalisierung allerdings schwierig und die Frage, wie man einen Kreativitätsprozess in einer konkreten Situation unterstützt, kann nicht hinreichend beantwortet werden. Für diesen Zweck haben sich in der Praxis Kreativitätstechniken bewährt, auf die nun detailliert eingegangen wird.

2.3 Kreativitätstechniken

2.3.1 Begriff

Geschka und Lanteilme definieren Kreativitätstechniken als "Denk- und Verhaltensregeln", die "in ihrer Gesamtwirkung eine Gruppe oder ein Individuum zur Erzeugung von Ideen anregen"[GL05, S. 288]. Brodbeck betont den Unterschied zum allgemeinen Technikbegriff: "Bei einer Kreativitätstechnik handelt sich nicht um eine Technik zur Erreichung eines bekannten, wohldefinierten Zieles - wie beim Bau eines Hauses. Die Technik dient vielmehr nur dazu, den Spiel-Raum für Veränderungen zu entdecken und durch ein Spiel der Ideenfindung zu füllen." [Bro98, S. 8].

Die wohl bekannteste Kreativitätstechnik ist Brainstorming, das von Alex Osborn bereits in den 1950er Jahren entwickelt wurde [Osb93]. Osborn verspricht sich eine Verbesserung der Kreativitätsprozesse einer Gruppe, wenn sie während der Ideengenerierung vier Grundregeln berücksichtigt:

- Kritik ist nicht erlaubt.
- Wilde und unüblichen Lösungen sind ausdrücklich erwünscht.
- Das Verbessern von bereits geäußerten Ideen ist ausdrücklich erwünscht.
- Es sollen möglichst viele Ideen generiert werden (Quantität vor Qualität).

Mittlerweile wurden zahlreiche weitere Kreativitätstechniken vorgeschlagen (vgl. z.B. [GR83], [Van88], [Bra86], [Adr89], [Bon93], [Sch93], [Myc]). Brodbeck weißt darauf hin, dass die Techniken trotz ihrer augenscheinlichen Heterogenität ein gemeinsames Prinzip haben: "Sie trennen die Neuheit von der Bewertung" [Bro98, S. 6]. Auffällig ist die Tatsache, dass die Techniken - entgegen den abstrakteren Prozessmodellen aus dem vorherigen Abschnitt - meistens nicht von Wissenschaftlern, sondern von Praktikern formuliert wurden. Sie sind demnach auch nur selten theoretisch oder (nach wissenschaftlichen Maßstäben) empirisch fundiert, sondern können eher als heuristisch bezeichnet werden. Eine erschöpfende Darstellung der unterschiedlichen Kreativitätstechniken kann an dieser Stelle nicht erfolgen. Vielmehr soll im Folgenden durch die Beschreibung verschiedener Kategorisierungsansätzen zunächst ein allgemeines Verständnis für die Prinzipien von Kreativitätstechniken vermittelt werden.

2.3.2 Kategorisierungsansätze

Die Fülle an verschiedenen Kreativitätstechniken sowie der Verzicht auf ein gemeinsames theoretisches Grundmodell gestaltet eine Kategorisierung schwierig. Im Folgenden sollen drei unterschiedliche Ansätze vorgestellt und diskutiert werden.

Systematisch-analytisch und Intuitiv-kreativ

Der traditionelle Kategorisierungsansatz für Kreativitätstechniken unterscheidet zwei Klassen [Van88]:

- Systematisch-analytische Techniken: Systematisch-analytische Kreativitätstechniken definieren einen relativ festen Vorgehensrahmen für die Problemlösung, der meist auf der schrittweisen Durchführung mehrerer Subprozesse basiert. In diesen Subprozessen wird das Ausgangsproblem beispielsweise in kleinere Teilprobleme zerlegt und diese dann separat gelöst. Ein klassische Beispiel ist die morphologische Analyse (auch morphologischer Kasten genannt). Die von dem Physiker Fritz Zwicky entwickelte Technik wird bevorzugt in der Produktentwicklung eingesetzt und entspricht folgendem Ablauf: Zunächst sollen die das zu entwickelnde Produkt bestimmenden Merkmale (Eigenschaften, Funktionen, Parameter) bestimmt werden. Will ein Hersteller z.B. eine neue Art von Blumenvase produzieren, könnte er die Merkmale Form, Größe, Farbe und Material identifizieren. Im zweiten Schritt sollen für jedes der Merkmale mögliche Ausprägungen gefunden werden. Für das Merkmal "Form" wären mögliche Ausprägungen beispielsweise rund, oval, rechteckig und dreieckig, als Material wäre z.B. Holz, Metall, Plastik oder Marmor denkbar usw.. Im letzten Schritt sollen dann neue Produktideen aus der Kombination der verschiedenen Merkmalsausprägungen gebildet werden. Im Beispiel wäre eine mögliche Idee eine große, runde, schwarze Marmorvase. Weitere Vertreter der systematisch-analytischen Techniken sind Osborns Checkliste und die progressive Abstraktion.
- Intuitiv-kreative Techniken: Intuitiv-kreative Techniken basieren im Wesentlichen auf den Prinzipien der Assoziation sowie der Analogiebildung. Dahinter steht die Annahme, dass neue Ideen aus der ungewöhnlichen Kombination von bereits existierenden Ideen entstehen, oder, wie es John B. Watson, der Begründer des Behaviourismus ausdrückt [Wat98, S. 198]:

  > "How the 'new' comes into being? [...] The answer is that we get [it] by manipulating words, shifting them about until a new pattern is hit upon. Since we are never twice in the same general situation when we begin to

> think, the word patterns will always be different. The elements are all old, that is the words that present themselves are just our standard vocabulary - it is only the arrangement that differs."

Durch die Verhaltensregeln des Brainstorming soll beispielsweise sichergestellt werden, dass eine große und möglichst heterogene Menge an Ideen als Ausgangsmaterial zur Kombination neuer Ideen dienen kann. Als weiteres Beispiel für die intuitiv-kreativen Techniken wird neben den zahlreichen Varianten des Brainstorming häufig die Reizwortmethode genannt. Bei dieser Technik wird zunächst z.B. mit Hilfe eines Wörterbuchs zufällig ein Reizwort, das in der Regel zu der Problemstellung keinerlei direkten Bezug hat, ausgewählt. Dann wird versucht, mittels Allegorien Eigenschaften oder Prinzipien, die hinter dem Reizwort stehen, sinnvoll auf die Problemstellung zu übertragen.

Eine Kategorisierung von Kreativitätstechniken in systematisch-analytische und intuitiv-kreative Techniken hat aber offensichtliche Schwächen. Zunächst fehlt der Kategorisierung eine Zweckorientierung, d.h. es bleibt unklar, welchen Sinn die Unterscheidung erfüllt und damit welchen Nutzen die Kategorisierung z.B. bei der Wahl einer Technik bringen soll. Ein weiterer Nachteil ist die fehlende Trennschärfe der zwei Begriffe, wodurch die Zuteilung vieler Kreativitätstechniken in die eine oder die andere Klasse oft willkürlich erscheint. Die Tatsache, dass nur eine der beiden Kategorien als kreativ bezeichnet wird, legt den Schluss nahe, dass die systematisch-analytischen Techniken keine Kreativität benötigen. Dies widerlegt aber bereits das Beispiel des morphologischen Kastens, bei dem in allen Subprozessen Ideenfindung betrieben werden muss, da die Aufspaltung der Prozesse allein noch keine Ergebnisse bringt. Johansson bestätigt diese Ansicht, nach der auch die systematisch-analytischen Techniken "viele kreative Elemente in sich bergen, wo neben logisch-kombinatorischem und analytischem Denken Phantasie und Kreativität benötigt werden." [Joh97, S. 99].

Taxonomie nach Van Gundy

Van Gundy unterscheidet in seiner Taxonomie zunächst zwischen individuellen Techniken und Gruppentechniken [Van92]. Die individuellen Techniken arbeiten entweder nach dem Prinzip des freien Assoziierens oder durch einen Verknüpfungszwang (*forced relations*) zwischen einem vorgegebenen geistigen Stimulus und den zu generierenden Ideen. Im Falle der erzwungenen Stimuli-Beziehung differenziert er weiter zwischen Stimuli mit- und ohne Problembezug. Die Gruppentechniken zählen nach Van Gundy entweder zu den Brainstorming- oder den Brainwritingvarianten. Beim Brainstorming werden die Ideen verbal geäußert, während sie beim Brainwriting schriftlich festgehalten werden. Die Brainstormingtechniken lassen sich in strukturierte und unstrukturierte Techniken unterscheiden, die Brainwritingmethoden in nominelle und interaktive Gruppentechniken.

Während Van Gundy bei der Wahl seiner kategorisierungsbildenden Elemente (Anzahl Teilnehmer, Form der Ideenexplizierung, erzwungenes oder freies gedankliches Verknüpfen etc.) wichtige Prinzipien von Kreativitätstechniken herangezogen hat, haften dem Schema auch Mängel an. So ist zunächst die Reihenfolge der Taxonomiekriterien nicht ausreichend motiviert. Es wäre auch möglich, Kreativitätstechniken zunächst danach zu kategorisieren, ob sie mit freiem Assoziieren oder mit erzwungenen gedanklichen Verbindungen arbeiten, und im Anschluss jeweils nach Individuellen- und Gruppentechniken zu differenzieren. Es stellt sich auch die Frage, ob sich individuelle Techniken und Gruppentechniken in allen Fällen wirklich scharf voneinander abgrenzen lassen. So kann man auch alleine brainstormen[2] oder Techniken, die eigentlich nicht für Gruppen definiert wurden, mit mehreren Personen simultan durchführen. Auch die grundlegende Idee einer hierarchischen Taxonomie lässt sich kritisieren, da sich dadurch vor allem Kombinationen von Prinzipien nicht geeignet abbilden lassen. Beispielsweise sind ja durchaus Techniken vorstellbar, die sowohl mit freiem Assoziieren als auch mit einem erzwungenen Stimulibezug arbeiten.

Kontinuum nach McFadzean

Einen anderen Ansatz wählt McFadzean [McF98]. Sie stützt sich auf die Arbeit von Nagasundaram und Bostrom [NB94] und argumentiert für ein Kontinuum zwischen den Extrema paradigma-erhaltender und paradigma-brechender Techniken. Dabei sind Techniken umso eher paradigma-brechend, je stärker sie den Prozess durch Einführen von neuen Elemente oder Beziehungen zwischen Elementen verändern. Als Elemente sind hier neue Informationen im Problemlösungsprozess wie z.B. Problemstellungen, Randbedingungen oder auch Ideen zu verstehen. Drei Punkte des Kontinuums sollen exemplarisch erläutert werden:

1. Paradigma-erhaltend (paradigma preserving): In den kreativen Prozess werden keine neue Elemente eingeführt und keine neuen Beziehungen zwischen existierenden hergestellt. Darunter fallen alle Techniken, bei denen die Teilnehmer nicht zwangsläufig aus ihren üblichen Gedankengängen ausbrechen müssen. Dazu zählt McFadzean alle systematisch-analytischen Techniken sowie das Brainstorming, da dabei die Teilnehmer nur frei assoziieren und nicht zwangsläufig ihre Vorstellungskraft nutzen müssen.

[2] Tatsächlich ist letzteres aus mehreren Gründen effektiver, vgl. Kapitel 2.3.3.

2. Paradigma-erweiternd (paradigma stretching): In den kreativen Prozess werden neue Elemente eingeführt oder neue Beziehungen erfasst. Dies geschieht, indem der Aufgabenraum erweitert wird oder Lösungsgrenzen "gedehnt"werden. Zu dieser Kategorie rechnet McFadzean Techniken, bei denen die Teilnehmer gezwungen sind, bestimmte geistige Stimuli bei der Lösungsfindung zu berücksichtigen. Die Reizwortmethode ist demnach ein Beispiel für die Klasse der Paradigma-erweiternden Techniken.
3. Paradigma-brechend (paradigma breaking): In den kreativen Prozess werden sowohl neue Elemente als auch neue Beziehungen eingebracht. Das erlaubt den Teilnehmern, die Paradigmagrenzen komplett zu brechen. Die Methoden dieser Kategorie unterscheiden sich von den paradigma-erweiternden Techniken im Wesentlichen durch die erhöhte Beanspruchung der Fantasie der Teilnehmer, da z.B. eine Vielzahl von themenfremden Stimuli eingebracht werden oder praktisch alle Randbedingungen der Lösung (vorübergehend) aufgehoben werden. Als Beispiel wird die "Wishful-thinking"-Technik genannt, bei der die Teilnehmer alle real existierenden Einschränkungen außer Kraft setzen können (wenn wir unendlich viele Ressourcen hätten...).

Das Kontinuum soll in konkreten Situationen bei der Wahl einer Kreativitätstechnik unterstützend wirken. Dabei ist laut McFadzean neben der zu erwarteten Neuartigkeit der Ideen (bei paradgima-erhaltenden Techniken am niedrigsten, bei paradigma-brechenden Techniken am höchsten) insbesondere auf die Erfahrung der Gruppe zu achten: die paradigma-brechenden Techniken funktionieren nur mit erfahrenen Gruppen, während eher paradigma-erhaltende Techniken auch von unerfahrenen Teilnehmern effektiv umgesetzt werden können.

Die paradgima-erhaltenden und -erweiternden Techniken des McFadzean-Kontinuums finden sich unter anderem Namen (freies Assoziieren / erzwungene Stimuliverknüpfung) bereits in der Taxonomie von Van Gundy, der allerdings die paradigma-brechenden Techniken nicht als gesonderte Klasse beschreibt. Ein bemerkenswerter Unterschied ist die Entscheidung für ein Kontinuum anstelle einer Taxonomie, was bei der Vielfalt an denkbaren Techniken als geschickter Ansatz erscheint. Allerdings bleibt im Unklaren, welche Eigenschaften Methoden im Bereich zwischen paradigma-erhaltenden und paradigma-erweiternden Techniken haben sollten.

Die drei vorgestellten Ansätze machen deutlich, wie problematisch sich eine einheitliche Klassifizierung von Kreativitätstechniken gestaltet. Jede der Klassifizierungen bietet aber zumindest Anhaltspunkte für die Art und Weise, wie durch Kreativitätstechniken kreative Prozesse unterstützt werden, z.B. durch Stimuli oder schriftliche / verbale Ideenäußerungen. Ein tiefergehendes Verständnis über die Mechanismen der Kreativitätsunterstützung lässt sich aus den Ansätzen allerdings nicht gewinnen.

Um den Effekt und die praktische Relevanz von Kreativitätstechniken bewerten zu können, sollen im Folgenden empirische Ergebnisse über deren Wirkung und Einsatz dargestellt werden.

2.3.3 Empirische Ergebnisse

Der absolute Großteil der Studien im Bereich der Kreativitätstechniken bezieht sich auf die Brainstorming-Technik. Dies gilt sowohl für Laboruntersuchungen als auch Feldstudien. Letztere werden fast ausschließlich im Kontext einer Anwendung im Unternehmen durchgeführt [Son07, S. 230]. Andere Techniken sind weitaus seltener bzw. noch nicht empirisch untersucht worden. Für die Fixierung auf das Brainstorming lassen sich verschiedene Gründe nennen: Brainstorming ist eine vergleichsweise einfache und damit auch gut zu erlernende Technik. Für die Durchführung werden keine Hilfsmittel benötigt und es ist prinzipiell für alle Arten von Problemen einsetzbar. Bei der Interpretation der Ergebnisse der Studien muss fallweise entschieden werden, welche Aussagen sich speziell auf Brainstorming beziehen und welche sich generell für Kreativitätstechniken verallgemeinern lassen können. Zunächst werden Studien über die Wirkung von Kreativitätstechniken vorgestellt, im Anschluss wird auf den Einsatz der Techniken in Unternehmen eingegangen.

Wirkung

Als erste wissenschaftlich fundierte Untersuchung des Brainstormings gilt die Arbeit von Taylor et. al [TBB58]. Die Autoren vergleichen darin reale Gruppen (Mitglieder interagieren miteinander) mit nominellen Gruppen (Mitglieder arbeiten isoliert und ihre Ideen werden am Ende zusammengelegt). Beide Gruppen sammeln Lösungsideen für ein gegebenes Problem unter Beachtung der Brainstorming-Richtlinien. Es zeigt sich, dass die nominellen Gruppen auf signifikant mehr Lösungsideen kommen als die realen Gruppen. In Folgestudien wurde der Produktivitätsnachteil von realen Gruppen beim Brainstorming intensiv untersucht und auf drei Gründe zurückgeführt:

- Sozialer Konformitätsdruck (uniformity pressure): Der Gruppenprozess als soziale Situation führt dazu, dass sich schüchterne Personen weniger intensiv einbringen und ihre Ideen auch weniger stark vertreten als dominantere Personen [PDD+02]. Dieser Uniformitätseffekt wird durch bestehende Macht- oder Kompetenzhierarchien noch verstärkt [CA69].

- Trittbrettfahrerproblem (free riding): Teilnehmer von Gruppenprozessen neigen dazu, ihre persönlichen Aktivitäten zurückzuschrauben. Gruppenprozesse wie Brainstorming, bei denen die Beitragsqualität und -quantität der einzelnen Personen am Ende des Prozesses nicht mehr klar nachvollziehbar ist, verstärken diese Gefahr. Eine weitere Ursache für verminderte Aktivitäten können Motivationsprobleme sein. Sie entstehen beispielsweise dadurch, dass die eigenen Ideen im Vergleich zu den Beiträgen der Anderen als überflüssig oder minderwertig wahrgenommen werden [KB83].

- Produktionsblockaden (production blocking): Beim Brainstorming artikulieren die Teilnehmer die Ideen verbal. Während ein Teilnehmer seine Idee erklärt, hören die anderen Teilnehmer zu und können in der Zwischenzeit selbst keine Ideen generieren - sind sind also "geblockt" [DS87] [DS91]. Die Notwendigkeit, die Aufmerksamkeit der sprechenden Person zuzuwenden kann dazu führen, dass vielversprechende Gedankengänge abrupt unterbrochen werden müssen. Die Produktivitätsverluste durch den Blockadeeffekt nehmen mit steigender Teilnehmerzahl zu.

Die Gruppensituation kann natürlich auch positive Auswirkungen haben. So ist beispielsweise die Heterogenität der Gruppe ein relativ guter Indikator für ihre Kreativität [KA00]. Durch die Gruppensituation kann auch eine erste Akzeptanzfindung für die Lösungsideen stattfinden, was die spätere Durchsetzung und Umsetzung der Ideen vereinfachen kann. Allgemein ist zu erwarten, dass einer Gruppe als Ganzes mehr Informationen zur Verfügung stehen als den Mitgliedern der Gruppe alleine, wodurch die Kombinationsmöglichkeiten für neue Ideen ansteigen [NDV+91]. Die Durchführung von Kreativitätsprozessen in nominellen Gruppen hat darüber hinaus den Nachteil, dass viele Ideen mehrfach genannt werden. Dies ist in realen Gruppen nicht der Fall.

Allerdings folgt aus den Ergebnissen der Studien, dass die negativen Effekte die positiven Effekte in der Regel überwiegen.

Die Studienergebnisse liefern eine plausible Erklärung für die effektive Überlegenheit nomineller Gruppen gegenüber realen Gruppen beim Brainstorming. Es ist darüber hinaus zu erwarten, dass die oben beschriebenen negativen Gruppeneffekte nicht auf die Brainstorming-Technik beschränkt sind, sondern grundsätzlich alle vergleichbaren kreativen Gruppenprozessen betreffen.

Aus den Ergebnissen lassen sich aber keine Rückschlüsse auf die Effektivität des Brainstormingprozesses als ganzes (oder gar allgemein auf Kreativitätstechniken) ziehen. Da in der Studie von Taylor und in den auf sie aufbauenden Folgestudien auch die nominellen Gruppen den Brainstorming-Richtlinien folgten, können über die Effektivität der Richtlinien - und damit wesentliche Teile dieser Kreativitätstechnik - keine Aussagen getroffen werden. Isaksen zeigt in einer Meta-Studie, dass von den zentralen 50 empirischen Arbeiten über die Effektivität von Brainstorming tatsächlich nur 16 Studien die Wirksamkeit der Brainstorming-Richtlinien untersuchen. Diese Studien stützen allerdings geschlossen die These, dass ein nach den Brainstorming-Richtlinien strukturierter Kreativitätsprozess einem nicht-strukturierten Vorgehen überlegen ist [Isa98, S.12].

Dies lässt den Schluss zu, dass Kreativitätstechniken, die auf bestimmten Grundregeln (strikte Trennung von Ideengenerierung und -bewertung, Zulassen von wilden Ideen und neuartigen Kombinationen, Orientierung an Ideenquantität) basieren, den kreativen Prozess unterstützen. Werden Kreativitätstechniken in einer Gruppe durchgeführt, muss man aus den oben erwähnten Gründen mit einer Einschränkung der Effektivität rechnen.

Einsatz

Befragungen zum Einsatz von Kreativitätstechniken im Unternehmen zeigen deutliche länderbezogene Unterschiede. Strebel et. al kommen zu dem Ergebnis, dass nur bei 10% der deutschen Mittelständler die Brainstorming-Technik regelmäßig zur Ideengenerierung herangezogen wird. Bei über zwei Drittel der Unternehmen kommen gar keine Kreativitätstechniken zum Einsatz [SFSS79, S. 13]. Aktuellere Studien bestätigen die niedrige Bedeutung von Kreativitätstechniken in der Praxis deutscher Unternehmen (vgl. z.B. [Ver05]). Einer Untersuchung von Fernald und Nickolenko zufolge setzen dagegen 92% der amerikanischen Unternehmen Brainstorming ein [FN93]. Murphy und Kumar ermitteln für kanadische Firmen einen Wert von 20% [MK97].

Die seltene Nutzung in deutschen Firmen verwundert in Anbetracht der Tatsache, dass Innovationsfähigkeit - und damit Kreativität als deren Ausgangspunkt - ein zentraler Wettbewerbsfaktor ist. Ein fehlendes Interesse an kreativen Produkten kann also nicht die Ursache sein. Es ist auch nicht so, dass Brainstorming den Unternehmen unbekannt wäre. Geschka und Reibnitz konstatieren, dass Brainstorming in deutschen Firmen weitestgehend bekannt ist (im Gegensatz zu komplexeren Ideengenerierungstechniken) [GR83, S.112].

2.4 Zusammenfassung

In diesem Kapitel wurden Einführungen in die für diese Arbeit grundlegenden Themenfelder Kreativität, kreative Prozesse sowie Kreativitätstechniken gegeben.

Im Abschnitt über Kreativität wurden die vier verschiedenen Perspektiven der Kreativitätsforschung vorgestellt und die Begriffe kreativer Prozess, kreatives Produkt sowie Kreativität für diese Arbeit definiert.

Im Abschnitt über kreative Prozesse wurden unterschiedliche Theorien über den Ablauf von kreativen Prozessen vorgestellt und die Gemeinsamkeit, den Prozess aus Abfolge von konvergenten und divergenten Phasen zu verstehen, herausgearbeitet. Es wurde darauf hingewiesen, dass die theoretischen Modelle nur relative schwache Hinweise darauf geben, wie man den kreativen Prozess in der Praxis unterstützen kann.

Schließlich wurden Kreativitätstechniken als Heuristiken zur Unterstützung kreativer Prozesse vorgestellt, denen es aber an einem theoretischen Grundmodell mangelt. Die verschiedenen Klassifizierungsansätze gaben einen Überblick über die Vielfalt der Techniken und machten mit ihren Defiziten gleichzeitig die Schwierigkeit einer systematischen Einordnung der Techniken deutlich. Empirischen Erkenntnisse bestätigen die Wirksamkeit von Kreativitätstechniken. Es wurde beobachtet, dass nominelle Gruppen realen Gruppen bei der Durchführung von Kreativitätstechniken überlegen sind, wofür drei Ursachen ins Feld geführt werden.

Im nächsten Kapitel werden nun Kreativitätsunterstützungssysteme als eine weitere Form der Unterstützung kreativer Prozesse vorgestellt.

3 Kreativitätsunterstützungssysteme

In diesem Kapitel werden zunächst die Grundbegriffe zum Thema Kreativitätsunterstützungssysteme erörtert. Es werden unterschiedliche Ansätze beschrieben, mit denen bisher versucht wird, Kreativität in individuellen und kollaborativen Prozessen zu unterstützen. Es werden empirische Ergebnisse zur Wirkung und zum Einsatz von Kreativitätsunterstützungssysteme zusammengefasst. Danach werden Designprinzipien, die für die Entwicklung von Kreativitätsunterstützungssystemen vorgeschlagen worden sind, erläutert. Schließlich werden existierende Systeme betrachtet und mit Blick auf die Designprinzipien diskutiert.

3.1 Grundbegriffe

3.1.1 Unterstützung von Prozessen durch Informationssysteme

Krcmar definiert Informationssysteme (IS) als "soziotechnische ("Mensch-Maschine-") Systeme, die menschliche und maschinelle Komponenten (Teilsysteme) umfassen und zum Ziel der optimalen Bereitstellung von Information und Kommunikation nach wirtschaftlichen Kriterien eingesetzt werden" [Krc06].

Informationssysteme können Aufgaben (oder Prozesse) des Anwenders auf vielfältige Art und Weise unterstützen. Für einige Schritte der Prozesse kann das Informationssystem die Leistung selbst erbringen, z.B. Berechnungen von Formeln oder Speichern und Versenden von Ergebnissen. Andere Prozessschritte lassen sich aufgrund ihrer Komplexität oder mangels geeigneter Formalismen nicht unmittelbar vom IS leisten. Ein IS kann aber durch die Bereitstellung von geeigneten Informationen und Kommunikation den Benutzer entlasten, mit dem Ziel, dass er seine Aufgabe effektiver, einfacher, schneller oder mit weniger Fehlern erledigen kann.

Informationssysteme lassen sich nach ihrer Einsatzdomäne und den damit verbundenen unterstützten Prozessen gliedern (z.B. betriebliche Informationssysteme, Geoinformati-

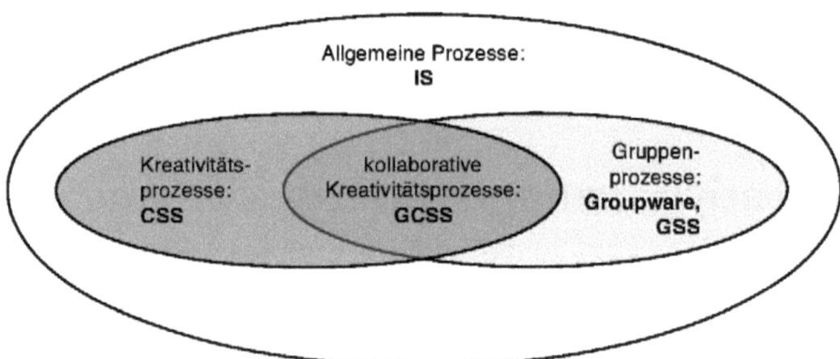

Abbildung 3.1: Prozesse und Systeme zu deren Unterstützung.

onssysteme), aber auch danach, wie viele Personen bei den von ihnen unterstützten Prozessen beteiligt sind. Hinsichtlich der Einsatzdomäne stehen Informationssysteme zur Unterstützung kreativer Prozesse (Kreativitätsunterstützungssysteme, CSS) im Zentrum dieser Arbeit. Da kreative Prozesse aber häufig in Gruppen durchgeführt werden, sind Theorien und Erkenntnisse aus dem Bereich der Gruppenunterstützungssysteme (Groupware / GSS) ebenfalls von großer Bedeutung. Den Zusammenhang zwischen Prozessen und den sie unterstützenden Systemen illustriert Abbildung 3.1. Der Schnittmenge von kreativen Prozessen und Gruppenprozessen können als kollaborative Kreativitätsprozesse, Systeme zu deren Unterstützung als Gruppen-Kreativitätsunterstützungssysteme (GCSS) bezeichnet werden. Kreativitätsunterstützungssysteme im Allgemeinen und Gruppen-Kreativitätsunterstützungssysteme im Besonderen stehen im Fokus dieser Arbeit. Bevor Kreativitätsunterstützungssysteme genauer definiert werden, soll zunächst noch auf Systeme zur Unterstützung von Gruppenprozessen eingegangen werden.

3.1.2 Gruppenunterstützungssysteme

Die Unterstützung kollaborativer Prozesse durch Computer(-Informations-)systeme wird im Arbeitsgebiet CSCW (Computer Supported Collaborative Work) zusammengefasst (vgl. [BS98]). Während sich der Begriff CSCW auf das Arbeitsgebiet und das dazugehörige Forschungsfeld bezieht, werden die Informationssysteme zur Umsetzung von CSCW als Groupware bezeichnet. Gruppenunterstützungssysteme (GSS) sind spezielle Groupware-Applikationen. Nunamaker definiert GSS folgendermaßen [NBM+97, S. 2]:

> "GSS are interactive computer-based environments which support concerted and coordinated team effort toward completion of joint tasks."

GSS setzen also den Schwerpunkt auf Prozesse, bei denen sich die Teilnehmer als Gruppe wahrnehmen. GSS beziehen sich vor allem auf die Unterstützung von Prozessen, die typischerweise im Rahmen von Meetings ablaufen. Daher verwenden andere Autoren auch den Begriff elektronische Meetingunterstützung (EMS) synonym für GSS (z.B. [BS98]). Da kreative Prozesse häufig in einen Meetingkontext eingebettet sind, sind Ergebnisse der GSS-Forschung auch von hoher Relevanz für die Unterstützung von kollaborativen Kreativitätsprozessen und werden daher im späteren Verlauf des Kapitels weiter thematisiert. Zuvor soll aber der Begriff Kreativitätsunterstützungssystem noch definiert werden.

3.1.3 Kreativitätsunterstützungssysteme

Aufbauend auf die bereits eingeführten Begriffe Informationssystem und kreativer Prozess wird ein Kreativitätsunterstützungssystem wie folgt definiert:

Definition 4 (Kreativitätsunterstützungssysteme) *Als Kreativitätsunterstützungssysteme (CSS) bezeichnet man Informationssysteme, die kreative Prozesse unterstützen. Gruppen-Kreativitätsunterstützungssysteme (GCSS) sind CSS, die auch kollaborative kreative Prozesse - also kreative Prozesse, bei denen mehr als ein Individuum beteiligt sein kann - unterstützen. CSS, die keine kollaborativen kreativen Prozesse unterstützen können, heißen individuelle Kreativitätsunterstützungssysteme (ICSS).*

Aus den anderen Definition folgt, dass die Aufgabe eines CSS darin besteht, Anwender beim Finden von kreativen (also neuen und nützlichen) Ideen durch Bereitstellung von Information und Kommunikation zu unterstützen.

Nachdem die grundlegenden Begriffe nun eingeführt wurden, wird im nächsten Abschnitt auf die zentralen Ansätze zur Unterstützung kreativer Prozesse mittels CSS eingegangen.

3.2 Ansätze

Bei der Betrachtung der verschiedenen Ansätze zur Kreativitätsunterstützung durch CSS kann zwischen Ansätzen zur Unterstützung allgemeiner kreativer Prozesse und Ansätzen, die sich speziell auf die Unterstützung kollaborativer Kreativitätsprozesse beziehen, unterschieden werden.

3.2.1 Unterstützung allgemeiner kreativer Prozesse

Die Ansätze zur Unterstützung allgemeiner kreativer Prozesse durch Informationssysteme kreisen um die Frage, auf welche Art und Weise ein CSS positiv auf den kreativen Prozess eines Anwenders einwirken könnte. Es wurde schon erwähnt, dass Informationssysteme Prozesse durch Bereitstellung von Information und Kommunikation unterstützen können. Der Aspekt der Kommunikation tritt bei kollaborativen kreativen Prozessen in den Vordergrund und wird im nächsten Abschnitt diskutiert.

Die Unterstützung allgemeiner Kreativitätsprozesse muss also im Wesentlichen durch Bereitstellung von geeigneten Informationen geschehen. Die Bereitstellung und Entgegennahme bestimmter Information zu bestimmten Zeitpunkten durch das CSS entspricht einer Strukturierung des Kreativitätsprozesses. Die Wahl der Strukturierungselemente ist demnach das entscheidende Gestaltungskriterium eines CSS. Als Grundlage zur Wahl der Strukturierungselemente bieten sich die in Kapitel 2 beschriebenen Kreativitätsprozessmodelle und Kreativitätstechniken an.

Kreativitätsprozessmodelle als Grundlage für ein CSS

Offensichtlich lassen sich Prozessmodelle der Kreativitätsforschung (vgl. Abschnitt 2.2) als Basis für die Strukturierung durch ein CSS nutzen. Dieser Idee folgend, haben Elam and Mead ein CSS auf Basis des Osborn/Parnes-Modells (Zielfindung, Faktenbeschaffung, Problemdefinition, Ideenfindung, Lösungsfindung- und Auswahl, Akzeptanzfindung) entwickelt und zwei Varianten mit leicht unterschiedlichen Phasenabläufen in einem Experiment untersucht [EM90]. Beide CSS-Gruppen entwickelten kreativere Ideen als eine Kontrollgruppe, die ohne Prozessvorgaben operierte. In einer Folgestudie, in der die Kontrollgruppe ebenfalls nach dem CPS-Modell, aber weiterhin ohne CSS arbeitete, zeigte sich, dass der positive Effekt tatsächlich im Wesentlichen auf die Prozessstrukturierung im Sinne des Osborn/Parnes-Modells zurückzuführen war [ME97]. Es wurde bereits darauf hingewiesen, dass die Prozessmodelle den kreativen Prozess relativ grob strukturieren. Ein CSS auf Basis der Prozessmodelle eignet sich dazu, dem Anwender einen systematischen Pfad durch den Problemlösungsprozess aufzuzeigen und kann so verhindern, dass wichtige Schritte ausgelassen werden. Allerdings lässt sich aus den Prozessmodellen nicht ableiten, wie Anwender innerhalb einer Phase unterstützt werden sollten.

Kreativitätstechniken als Grundlage für ein CSS

Kreativitätstechniken sind Vorgaben zur Durchführung kreativer Prozesse (vgl. Abschnitt 2.3). Die Vorgaben führen zu einer Strukturierung des Kreativitätsprozesses. Trotz fehlender theoretischer Fundierung legen es die positiven empirischen Ergebnisse nahe, deren Strukturierungsmaßnahmen als Grundlage der Entwicklung eines CSS zu übernehmen. In einer frühen Arbeit, die diesen Ansatz verfolgt, ließ Proctor Versuchspersonen mit zwei verschiedenen ICSS arbeiten, die jeweils eine Kreativitätstechniken (Annahmenumkehr und Reizworttechnik) umsetzten. Beide Systeme führten jeweils zur Entwicklung von Ideen, auf die die Teilnehmer nach eigener Aussage ohne das System nicht gekommen wären. Auch wenn die weitere empirische Aussagekraft der Studie angesichts einer fehlenden Kontrollgruppe nicht besonders stark ist, konnte mit ihrer Hilfe zumindest gezeigt werden, dass das Prinzip, Kreativitätstechniken als Basis zur Entwicklung von CSS zu verwenden, auch wirklich die Kreativität der Teilnehmer fördern kann [Pro89]. Auch die Adaption einer Reizworttechnik-Variante, bei der die Teilnehmer mit zufälligen Bildern statt Wörtern konfrontiert werden, um sie damit zu neuen Gedankengängen anzuregen, konnte den Kreativitätsprozess positiv beeinflussen [Pro97].

Da Kreativitätstechniken konkretere Strukturierungsmaßnahmen vorgeben als die kreativen Prozessmodelle, können CSS, die auf diesem Ansatz aufbauen, die Anwender auch spezifischer unterstützen. So gibt es eine Vielzahl von Techniken sowohl für die Generierung von Ideen in den divergenten Phasen als auch für die Evaluierung und Auswahl von Ideen in den konvergenten Phasen, jeweils mit unterschiedlichem Komplexitätsgrad und klaren Vorgaben, wie die Teilnehmer gemäß der Technik agieren sollen. Ein großer Nachteil von CSS, die ihre Prozessunterstützung aus *einer* Kreativitätstechnik ableiten, ist die fehlende Flexibilität. Die Wirkung einer Kreativitätstechnik hängt auch davon ab, ob sie im richtigen Kontext verwendet wird, also ob sie beispielsweise für das konkret zu lösende Problem geeignet ist und ob die Teilnehmer der Gruppe mit dem Ablauf zurecht kommen. Die Wahl der geeigneten Technik wird auch damit zusammenhängen, wie intensiv sich die Teilnehmer schon Gedanken über das Problem gemacht haben oder ob andere Techniken bereits ausprobiert worden sind. Diese Überlegungen gelten natürlich ebenso für CSS, die eine Kreativitätstechnik abbilden. Die mangelnde Flexibilität solcher Systeme führt dazu, jedes Problem auf die selbe Art und Weise lösen zu wollen, was zum einen Potenziale anderer Techniken unberücksichtigt lässt, zum anderen aber auch Akzeptanzprobleme bei den Teilnehmern hervorrufen kann.

Ein generisches CSS, das sowohl unterschiedliche Kreativitätstechniken als auch verschiedene Prozessmodelle verarbeitet, könnte hier Abhilfe schaffen. Als Grundlage benötigt ein derartiges Systems allerdings eine einheitliche formale Beschreibung für Kreativitätsprozesse sowie Prozessmodelle und Kreativitätstechniken als die sie strukturierenden Vorgaben. Ein solche Vereinheitlichung fehlt bisher allerdings noch. Auf die Defizite der Klassifizierungsversuche von Kreativitätstechniken wurde bereits in Kapitel 2.3.2 eingegangen. Der Versuch, eine Brücke zwischen den verschiedenen Prozessmodellen und den Kreativitätstechniken zu schlagen, wurde bisher noch nicht unternommen. Bostrom und Nagasundaram fassen das Kernproblem so zusammen [BN98]:

> "The research so far has focused primarily on process [...]. The process, however, is typically presented as the complete, unanalyzed technology or technique as a whole, rather than in terms of its component structures and mechanisms. Very little is now known both about the structures embedded in various techniques and technologies and how they influence both process and outcome variables. Among the most critical research tasks is to develop a more complete taxonomy of creatitvity structures and how they intervene in the creative process.

Diese Arbeit setzt an dieser Forschungslücke an und stellt in Kapitel 4 einen Lösungsansatz vor, auf dessen Grundlage in den weiteren Kapiteln eine Architektur für ein generisches CSS entwickelt wird.

3.2.2 Unterstützung kollaborativer kreativer Prozesse

Kreativitätsprozessmodelle und Kreativitätstechniken als Grundlage für ein CSS

Grundsätzlich lassen sich die Ansätze zur Unterstützung allgemeiner kreativer Prozesse auch für die Unterstützung kollaborativer kreativer Prozesse, also kreativer Prozesse, an denen gemeinsam mehrere Personen beteiligt sind, übernehmen. Insbesondere die Umsetzung von Kreativitätstechniken in einem GCSS wurde häufig untersucht. Exemplarisch sei hier ein Experiment von Hender et al. [HDRJ02] genannt, in dem Versuchsteilnehmer mit drei verschiedenen GCSS nutzten, die jeweils eine andere Kreativitätstechnik realisiert hatten (Brainstorming, Annahmenumkehr und eine Analogietechnik). Es zeigte sich, dass die Teilnehmer mit der Analogietechnik die wenigsten, aber dafür die kreativsten Ideen hervorbrachten. Die Annahmenumkehr-Technik führte zu den meisten Ideen, aber dafür waren die Ideen weniger kreativ. Brainstorming lag im Mittelfeld. Es soll aber darauf hingewiesen werden, dass hier die durch die Kreativitätstechnik implizierten Effekte der Prozessstrukturierung und die Effekte, die durch die Art der Umsetzung in ein GCSS entstehen, nicht getrennt werden können. So ist davon auszugehen, dass die von Hender et al. gemessenen Effekte zum Großteil auf die Kreativitätstechnik zurückzuführen sind, dass also auch die Durchführung der Technik ohne Unterstützungssystem ähnliche Ergebnisse liefern sollte.

Beeinflussung der Gruppeneffekte als Grundlage für ein CSS

Der am häufigsten verfolgte Ansatz zur Unterstützung kollaborativer kreativer Prozesse baut dagegen auf den bereits in Kapitel 2.3.3 genannten Gründen für die schlechteren Leistungen von realen Gruppen gegenüber nominellen Gruppen in Kreativitätsprozessen auf. Diese werden darauf zurückgeführt, dass die reale Gruppensituation zu sozialen Konformitätsdruck, dem Trittbrettfahrerproblem sowie Produktionsblockaden führt, und damit positive Effekte, die sich unmittelbar aus der Gruppensituation ergeben (direkte Ideenstimulierung durch Beiträge der Gruppenteilnehmer, höhere Gesamtinformation im Prozess, Vermeidung von Mehrfachnennung von Ideen) überkompensiert werden. CSS können nun kollaborative Kreativitätsprozesse fördern indem sie Mechanismen anbieten, um die negativen Gruppeneffekte zu verringern [BN98, S. 394].

Um den Konformitätsdruck in Gruppenprozessen zu verringern wurde vorgeschlagen, die Beiträge der Teilnehmer eines CSS zu anonymisieren. Dadurch ist es für die Beteiligten nicht mehr nachvollziehbar, wer welche Idee vorgeschlagen bzw. welche Änderung an einer Idee vorgenommen hat. Durch die fehlende Zuordnung müssen die Teilnehmer nicht mehr befürchten, sich für ausgefallenen oder noch unausgegorene Ideen schämen zu müssen oder den Unmut der Gruppe mit unbequemen Ideenvorschlägen auf sich zu ziehen. Studien belegen, dass durch die Anonymisierung der Konformitätsdruck erheblich gemindert werden kann (vgl. [CJV90], [CCG+06]). Dies führt zum einen zu mehr Ideen, zum anderen auch zu einer gleichmäßigeren Beteiligung der Gruppenmitglieder. Ein weiterer positiver Effekt von Anonymität ist die Versachlichung von Diskussionen und Beiträgen [NBM+97, S. 173]. So wird bei anonym veröffentlichten Ideen auch mit Kritik konstruktiver umgegangen, was sich in einer verbesserten Ideenqualität niederschlägt.

Das Trittbrettfahrerproblem bezeichnet den Effekt, dass Teilnehmer einer Gruppe sich zurückziehen und weniger in die Aufgabe einbringen, als sie eigentlich könnten. Paulus und Dzindolet konnten zeigen, dass das Trittbrettfahrerproblem und die damit einhergehenden negativen Auswirkungen auch speziell in Brainstormingsitzungen auftreten [PD93]. Es ist davon auszugehen, dass CSS, die den Konformitätsdruck durch Anonymisierung verringern, damit aber gleichzeitig die Neigung der Teilnehmer erhöhen, sich zurückzuziehen, da es für die Gruppe nicht mehr transparent ist, wer sich wie intensiv in den Prozess eingebracht hat. Shepherd et al. weisen auf diesen Zielkonflikt hin und schlagen die Nutzung von Sozialvergleichen ("social comparison") vor, um dem Trittbrettfahrerproblem in CSS entgegenzuwirken [SBR+95]. Unter Sozialvergleich versteht man das Phänomen, dass Personen in einer Umgebung, in der andere auf hohem Leistungsniveau arbeiten, tendenziell selbst höhere Leistungen erreichen. Umgekehrt gilt, dass eine Umgebung, in der andere nur niedrige Leistungswerte erzielen, sich ebenso negativ auf die Leistungen einzelner Personen auswirkt. Um die Anonymität der einzelnen Nutzer und die daraus resultierenden Vorteile zu wahren bietet es sich an, einen Sozialvergleich mit einer anderen Gruppe durchzuführen. Shepherd et. al konnten zeigen, dass mit diesem Ansatz die Ideenquantität von CSS-unterstützten Gruppen erhöht wird. Sie installierten dazu einen Wandbildschirm, der periodisch die Anzahl der von den Teilnehmern einer Gruppe eingegeben Ideen mit den Werten einer (fiktiven) Durchschnittsgruppe in Relation setzte. Die Tatsache, dass sie ihre Leistungen permanent mit anderen vergleichen konnten, spornte die Teilnehmer zu höheren Leistungen an und reduzierte das Auftreten des Trittbrettfahrerproblems. Nunamaker weißt darauf hin, dass Gruppenunterstützungssysteme nicht nur entweder keine oder volle Anonymität der Teilnehmer umsetzen müssen, sondern sich vielmehr eines Anonymitätskontinuums bedienen können [NDV+91, S. 172-173]. So könnte ein CSS, in dem die Teilnehmer mit festen Pseudonymen auftreten, die Anonymität wahren und gleichzeitig eine konsistente Zuordnung von Aktivitäten zu Benutzern möglich machen und somit Effekte des Sozialvergleichs innerhalb der Gruppe hervorrufen.

Diehl und Stroebe sehen in Produktionsblockaden, die durch die mündliche Kommunikation von Ideen entstehen, das größte Produktivitätshemmnis für Brainstorminggruppen [DS87]. Während ein Gruppenmitglied seine Idee den anderen Teilnehmern mündlich mitteilt, sind jene mit Zuhören beschäftigt und können in dieser Zeit keine eigenen Ideen entwickeln. Produktionsblockaden fallen besonders bei größeren Gruppen ins Gewicht, da immer $(n-1) * 100/n$ % der Gruppe blockiert sind, wenn ein Gruppenmitglied eine Idee erläutert. CSS können Produktionsblockaden verringern, indem sie die parallele Eingaben von Ideen ermöglichen. So können zu jedem Zeitpunkt des Prozesses immer alle n Teilnehmer aktiv beitragen. Valacich et al. konnten mit Experimenten bestätigen, dass der größte Teil des Produktivitätszuwachses durch CSS durch die Vermeidung von Produktionsblockaden mittels parallelen Ideeneingaben erzielt wird [VDC94].

CSS können kollaborative Gruppenprozesse also - zusätzlich zu den Ansätzen der Unterstützung allgemeiner kreativer Prozesse - durch Vermeidung negativer Gruppeneffekte unterstützen. Für alle drei Negativfaktoren (Konformitätsdruck, Trittbrettfahrerproblem, Produktionsblockaden) wurden in der Literatur bereits konkrete Ansätze zu deren Vermeidung vorgeschlagen, deren Effektivität in empirischen Studien belegt wurde. Im Folgenden sollen nun weitergehende empirische Ergebnisse der CSS-Forschung vorgestellt werden.

3.3 Empirische Ergebnisse

In diesem Abschnitt werden zunächst Ergebnisse empirischer Studien beschrieben, die sich mit der Wirkung von CSS befassen. Im Anschluss wird noch kurz auf den praktischen Einsatz von CSS eingegangen.

3.3.1 Wirkung

Im vorherigen Abschnitt wurde bereits Studien aufgeführt, die belegen konnten, dass sich die jeweiligen dort genannten Ansätze positiv auf das Ergebnis des Kreativitätsprozesses auswirken. Als Erfolgsmaß wird in der Regel die Anzahl und / oder die Qualität der generierten Ideen herangezogen. Aus den Studien folgt insbesondere, dass CSS-Gruppen tendenziell den traditionellen (face-to-face, verbal kommunizierenden) Gruppen überlegen sind, da sie die sonst stark ins Gewicht fallenden Negativfaktoren der Gruppensituation vermindern. Studien von IBM, Boeing sowie der U.S. Army bestätigten die höhere Effektivität auch im Feld [NBM$^+$97, S. 175].

Deutlich weniger einheitlich sind die Ergebnisse in Situationen, in denen diese negativen Einflussfaktoren von vornherein ausgeschlossen sind. Dies ist zum einen der Fall, wenn individuelle Kreativitätsprozesse untersucht werden, zum anderen beim Vergleich von CSS- und nominellen Gruppen.

Durand und Van Huss beschreiben ein Experiment, in dem die Teilnehmer entweder ein ICSS zum (individuellen) Brainstorming verwendeten oder (einzeln) traditionell mit Stift und Papier Ideen sammelten [DVH92]. Im Gegensatz zu den bereits erwähnten Studien von Proctor verhalten sich also alle Versuchsteilnehmer konform zur Kreativitätstechnik, so dass das ICSS die einzige unabhängige Variable darstellt. Die Autoren kommen zu dem Ergebnis, dass die ICSS-Nutzer zwar mehr Ideen generieren, allerdings werden diese von externen Bewertern als weniger kreativ erachtet. Mac Crimmon und Wagner kommen mit einem ähnlichen Versuchsaufbau zu einem konträren Ergebnis: die ICSS-Nutzer generierten hier kreativere Ideen als die der Kontrollgruppe [MW94].

Auch der Vergleich zwischen nominellen Gruppen und CSS-Gruppen liefert unterschiedliche, teilweise widersprüchliche Resultate. In einem Experiment von Lobert generierten die CSS-Gruppen kreativere Ideen als die nominellen Gruppen [Lob93]. Bei Nagasundaram und Boston lieferten die Teilnehmer in den CSS-Gruppen signifikant mehr Ideen als die nominellen Gruppen, dafür waren die Ideen der nominellen Gruppen in der Regel kreativer. Valacich et. al weisen auf die Gruppengröße als zu berücksichtigenden Kontextfaktor hin [VDC94]. Ihre Studien ergaben, dass sich der Einsatz eines CSS erst bei großen Gruppen positiv auf die Leistung der Gruppe auswirkt. Dies erklärt sich u.a. damit, dass bei großen nominellen Gruppen die Wahrscheinlichkeit von gleichen Ideen, die die Teilnehmer unabhängig voneinander äußern, steigt, während CSS einen permanenten Überblick aller vorgeschlagenen Ideen bieten und damit Mehrfachnennungen zum größten Teil vermieden werden. In einem weiteren Experiment konnten Valacich et. al zeigen, dass auch die Gruppenhomogenität im Sinne der in der gesamten Gruppe verfügbaren Information zu einem Problem ein relevanter Einflussfaktor ist [VMWW93]. Interessanterweise ergab das Experiment, dass die Leistung von homogenen Teams die der heterogenen Teams übertrifft. Pinsonneault et. al kritisieren die fehlende empirische Evidenz der in der Literatur häufig vorgetragenen Überlegenheit von CSS-Gruppen gegenüber nominellen Gruppen [PBGH99]. In einem umfangreichen Experiment kamen sie zum gegenteiligen Ergebnis: Nominelle Gruppen zeigten bessere Leistungen als verbal kommunizierende traditionelle Gruppen, nicht-anonyme CSS-Gruppen und anonyme CSS-Gruppen.

Die Verallgemeinerung der Ergebnisse der oben aufgeführten Studien muss allerdings mit Blick auf deren Einschränkungen erfolgen. So handelt es sich ausschließlich um Laborexperimente (zumeist mit Studenten), deren Ergebnisse sich nicht ohne weiteres auf die Situation im Feld übertragen lassen. Auch wenn Valacich et. al bereits zwei wichtige Kontextfaktoren identifizieren konnten (Gruppenheterogenität und Gruppengröße), bleiben weitere möglicherweise ebenfalls relevante Faktoren (Schwierigkeit der Fragestellung, Einsatzdomäne, Bezug zwischen Gruppe und Fragestellung, verwendete Kreativitätstechnik, Dauer der Kreativitätsphasen) in der Regel unerwähnt bzw. werden bei Vergleichen von Ergebnissen unterschiedlicher Studien nicht berücksichtigt. Erschwerend kommen verschiedene Performancemaße, unterschiedliche Definition der Performancemaße sowie unterschiedliche Erhebungs- und Bewertungsmethoden hinzu. Ein weiteres Problem ist die Heterogenität zwischen den in Studien verwendeten CSS. Die in verschiedenen Studien eingesetzten CSS unterscheiden sich erheblich in den Möglichkeiten und der Ausgestaltung der Benutzerschnittstellen, der zugrundeliegenden Ideenmodelle, der unterstützten Prozesse sowie der gebotenen Kollaborationsunterstützung (z.B. synchron/asynchron). Metastudien, bei denen die Ergebnisse mehrerer Studien zusammengefasst werden, sind kaum möglich, da man eigentlich nicht von dem CSS allgemein, sondern immer nur von konkreten Ausprägungen eines CSS sprechen kann. Die Heterogenität zwischen den Systemen bringt eine derart große Menge an versteckten Variablen mit sich, dass die Aussagekraft der Forschungsergebnisse oft erheblich eingeschränkt wird.

Zusammenfassend lässt sich sagen, dass die bisher veröffentlichten empirischen Ergebnisse klar darauf hindeuten, dass CSS-Gruppen traditionellen, mündlich kommunizierenden Gruppen hinsichtlich Ideenquantität und -qualität überlegen sind. Eine Überlegenheit gegenüber nominellen Gruppen wurde allerdings nur bei größeren Gruppen beobachtet. Weitere allgemeine Aussagen lassen sich nicht treffen, was sich u.a mit der Vielzahl der Einflussfaktoren auf die Leistung im Kreativitätsprozess sowie mit der Heterogenität der für die Forschung eingesetzten CSS erklären lässt.

3.3.2 Einsatz

Ein ähnliches Akzeptanzproblem wie die Kreativitätstechniken scheint auch die CSS zu betreffen. Die dominierende Form zur Durchführung kollaborativer Kreativitätsprozesse ist sicherlich weiterhin das face-to-face Meeting mit verbaler Kommunikation, obwohl die Überlegenheit eines CSS hinsichtlich Effektivität und Effizienz bei der Ideengenerierung unstrittig ist. CSS werden in der Praxis nur sehr selten eingesetzt. Dennis und Reinicke ziehen bei diesem Akzeptanzdilemma Parallelen mit dem in den 1980er Jahren stattgefunden Konkurrenzkampf zwischen VHS und Beta um den Standard für Videoaufnahmen im Consumerbereich [DR04]. Beta konnte sich, trotz offensichtlicher Überlegenheit der Bildqualität, nicht durchsetzen. Dies lag daran, dass für die Benutzer die Bildqualität gar nicht das ausschlaggebende Kriterium darstellte. Analog argumentieren die Autoren, dass die Ideenquantität und -qualität für die Benutzer von CSS nicht unbedingt das wichtigste Ziel ist, sondern fordern, andere Aspekte wie die Gruppenzufriedenheit und Unterstützung durch die Gruppenmitglieder in den Fokus zu rücken, um die Akzeptanz von CSS und mittelbar auch deren Einsatz in der Praxis zu fördern.

3.4 Designprinzipien

Trotz der Probleme der empirischen Forschung im Bereich der CSS konnten aus den Forschungsergebnissen eine Reihe von Prinzipien abgeleitet werden, deren Berücksichtigung die Kreativitätsunterstützung von CSS verbessern können. Einem top-down-Ansatz verfolgend werden dabei relevante Designprinzipien von CSCW-Systemen, von GSS und speziell von CSS vorgestellt und schließlich zusammengefasst mit Blick auf die Komponenten eines CSS dargestellt.

Ein CSS sollte zunächst die allgemeinen Designprinzipien für CSCW-Systeme beachten. Borghoff und Schlichter weisen in diesem Rahmen auf die besondere Bedeutung der Nahtlosigkeit (seamlessness) hin [BS98]. Charakteristisch für die Nahtlosigkeit eines Systems ist es, dass Übergänge zwischen verschiedenen Arbeitsabläufen, -phasen und Zuständen konsistent, also ohne für den Benutzer wahrnehmbare Brüche, geschehen.

Nunamaker beschreibt weitere Designprinzipien, die sich aus Forschungsergebnissen im Bereich der Gruppenunterstützungssysteme ableiten lassen, und auch für die Entwicklung von CSS relevant sind [NBM+97]:

- Modularität. Ein GSS sollte aus modularen Elementen bestehen, die jeweils einen speziellen Verwendungszweck repräsentieren. Dadurch steigt die Wahrscheinlichkeit, dass es auch in zu Beginn noch gar nicht vorgesehenen Situationen erfolgreich angewendet werden kann. Durch die höhere Spezifität der Module können die Prozesse präziser abgebildet und unterstützt werden.
- Subtile Unterschiede in der Benutzerschnittstelle können große Auswirkungen auf die Gruppendynamik haben: Nunamaker nennt folgendes Beispiel: In einem GSS für die Ideengenerierung, das einzelne Ideenbeiträge auf fünf Zeilen Text beschränkt, werden die Gruppenmitglieder eher viele, weniger elaborierte Ideen entwickeln als in einem System, das beliebig lange Ideenbeschreibungen zulässt. Kleine Unterschiede in der Benutzerschnittstelle wirken sich also auf die Gruppendynamik und damit auch meistens auf die Gruppenperformance aus. Er plädiert daher für Systeme, die unterschiedliche Benutzerschnittstellen ermöglichen, da so im konkreten Fall eine möglichst geeignete Schnittstelle gewählt werden kann.
- Datenportabilität. Daten, die die Teilnehmer in einem GSS erarbeiten, müssen grundsätzlich einfach und nahtlos zwischen den Modulen eines GSS übertragbar sein. Wenn beispielsweise die Übertragung der entwickelten Ideen aus einem Ideengenerierungsmodul in ein Ideenbewertungsmodul lange dauert oder kompliziert zu bewerkstelligen ist, hat dies extrem negative Auswirkungen auf die Gruppendynamik und führt meistens dazu, dass der Prozess im Chaos endet. Daneben ist es auch wünschenswert, dass Teilnehmer Daten aus anderen Anwendungen (Texteditoren, Bildbearbeitungsprogrammen etc) einfach in das GSS einbringen können.
- Niedrige Lernkurve und einfache Benutzerschnittstellen. Für die Verwendung des GSS darf den Teilnehmern möglichst wenig zusätzliche geistige Leistung abverlangt werden, damit diese ihre kognitiven Kapazitäten voll auf den eigentlichen Prozess fokussieren können. Nunamaker nennt als anzustrebende Grenze eine extrem kurze Instruktionszeit von 30 Sekunden. Danach sollen die Teilnehmer produktiv mit dem System arbeiten können, allerdings nicht bereits zwangsläufig mit allen möglichen Facetten der Anwendung.
- Struktur und Flexibilität. Erfolgreiche GSS bieten den Teilnehmern eine Strukturierung des unterstützten Prozesses, wodurch die Gruppe effektiv und effizient durch den Prozess geleitet werden kann. Die Strukturierung bringt auch eine Fokussierung

der Gruppenaktivitäten mit sich. Durch eine Agenda, die die Prozessstruktur widerspiegelt und im Vorfeld des Prozesses definiert werden muss, wird die Effektivität von GSS-Sitzungen erhöht. Trotzdem soll das System es aber ermöglichen, während eines laufenden Prozesses Änderungen an der Agenda vorzunehmen, um auf sich ändernde Rahmenbedingungen eingehen zu können. Dabei müssen die Daten vom alten zum neuen Prozess möglichst schnell und einfach zu übernehmen sein.

Shneiderman nennt schließlich folgende Designprinzipien speziell für CSS [Shn07]:

- Explorative Suche unterstützen. Systeme sollten die Anwender dabei unterstützen, mit der Problemstellung verwandte Informationen sowie schon bekannte Lösungsansätze einfach auffindbar zu machen. Die Anwender können auf Basis dieser Informationen schneller neuartige Ideen generieren.
- Zusammenarbeit ermöglichen. Obwohl die eigentliche kreative Entdeckung ja ein hochgradig individueller Prozess ist, können Anwender von den Beiträgen anderer Personen profitieren, sei es als gedanklicher Stimulus bei der Ideengenerierung oder als neutrale Bewertungsinstanz bei der Ideenbewertung. Die Bedeutung von Zusammenarbeit im kreativen Prozess unterstreicht Shneiderman durch die Aussage, dass Innovation seiner Meinung nach aus "1 % Inspiration und 99 % Kollaboration" besteht.
- Datenhistorien speichern. Die besten Ideen werden üblicherweise nicht gleich im ersten Anlauf gefunden, sondern nach einer intensiver Beschäftigung mit dem Problem und nach einer großen Anzahl von Lösungsversuchen. Dabei ist es wichtig, systematisch auf Ergebnisse von vorhergehenden Versuchen zurückgreifen zu können, um den Lösungsraum strukturiert durchsuchen zu können und doppelte Lösungsansätze zu vermeiden. CSS sollten dies unterstützen, indem sie eine möglichst umfangreiche Datenhistorie speichern und den Anwendern verfügbar machen.
- Niedrige Schranken, hohe Decken und weite Wände. Mit dieser metaphorischen Beschreibung soll verdeutlicht werden, dass CSS für ungeübte Anwender sehr leicht erlernbar sein sollen (analog zur Forderung nach einer niedrigen Lernkurve von Nunamaker), aber auch ausgefeiltere, komplexere Funktionen für fortgeschrittene Anwender bieten sollen.

Abbildung 3.2 fasst die Erkenntnisse zusammen und stellt dabei die Zusammenhänge zwischen den Designprinzipien und logischen Komponenten eines CSS her. Dabei wird zwischen drei Komponenten unterschieden: In der Prozessmodell-Komponente werden die zu unterstützenden kreativen Prozesse abgebildet. Die Mechanismen dieser Komponente bestimmen die Modularität sowie die gegebene Struktur und Flexibilität des Systems. Die

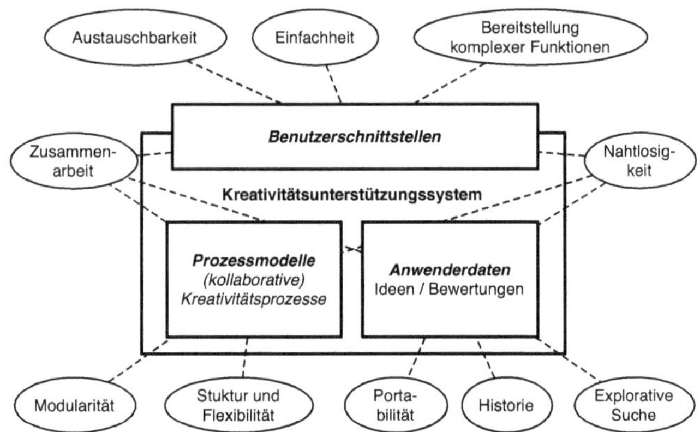

Abbildung 3.2: Designprinzipien eines Kreativitätsunterstützungssystems.

Anwenderdaten-Komponente verarbeitet alle von den Benutzern ins System eingebrachten Daten, bei denen es sich beispielsweise um Ideen oder um Bewertungen von Ideen handeln kann. Auf diese Komponente beziehen sich die Prinzipien der Portabilität, der explorativen Suche sowie der Datenhistorie. Die Benutzerschnittstellen bilden den Teil des Systems, über den die Interaktion mit den Anwendern stattfindet. Von dieser Komponente werden Austauschbarkeit, Einfachheit und Bereitstellung von komplexeren Funktionen für erfahrene Benutzern gefordert. Die Designprinzipien Nahtlosigkeit und Zusammenarbeit betreffen alle drei Komponenten gleichermaßen. Im Folgenden Abschnitt werden ausgewählte existierende Unterstützungssysteme vorgestellt und im Hinblick auf die Designprinzipien untersucht.

3.5 Existierende Systeme

Abschließend werden nun einige existierende Systeme vorgestellt, die zur Durchführung kollaborativer Kreativitätsprozesse genutzt werden können. Da die Teilnehmer kollaborativer Kreativitätsprozesse - insbesondere im Kontext von Kreativitätstechniken - in der Regel unmittelbar miteinander interagieren, liegt der Fokus dabei auf Systemen, die eine solche synchrone Zusammenarbeit in Echtzeit ermöglichen. Dabei wird zunächst kurz auf Anwendungen eingegangen, die in diesem Sinne zur Durchführung kollaborativer Kreativitätsprozesse genutzt werden können, aber nicht speziell für diesen Einsatzzweck konzipiert wurden. Danach werden Systeme mit explizitem Kreativitätsprozessbezug beschrieben. Eine Betrachtung einiger weiterer synchroner Kreativitätsunterstützungssysteme findet sich bei [For08]. Mit Systemen, die ausschließlich für die asynchrone Zusammenarbeit konzipiert wurden, ist eine Zusammenarbeit in Echtzeit nicht möglich, weshalb sich diese Systeme weniger für die Durchführung traditioneller Kreativitätsprozesse eignen. Eine asynchrone Zusammenarbeit ist vor allem dann zu empfehlen, wenn eine sehr große Anzahl an Personen am Prozess teilnehmen soll. Durch die Asynchronität erübrigt sich z.B. die häufig sehr aufwändige Suche nach einem gemeinsamen Zeitfenster für alle Beteiligten, in denen der Prozess synchron ausgeführt werden kann. Für Kreativitätsprozesse, in denen der Teilnehmerkreis nicht ex ante bekannt ist, ist dieses Problem noch verschärft. Folglich werden beispielsweise Ideenwettbewerbe typischerweise asynchron durchgeführt und werden bevorzugt durch (asynchrone) Social Softwaresysteme wie beispielsweise Communityplattformen, Wikis oder Blogs unterstützt [KBM09] (vgl. die Projekte Save our Energy[1], Brainfloor[2] und brainR[3]).

3.5.1 Systeme ohne expliziten Bezug zum Kreativitätsprozess

Da es sich bei (G)CSS um spezielle Groupware handelt, kann diese bei hinreichender Allgemeinheit auch für die Durchführung von kollaborativen Kreativitätsprozessen eingesetzt werden. Eine zentrale Anforderung für die Unterstützung kollaborative Kreativitätsprozesse ist sicher die (parallele) Erfassung der Ideen mehrerer Teilnehmer. Üblicherweise wird diese Erfassung textuell erfolgen, so dass Gruppeneditoren, die für diesen Einsatzzweck konzipiert sind, auch für die Durchführung von kollaborativen Kreativitätsprozessen einsetzbar sind. Als Beispiel soll der Gruppeneditor GROVE dienen.

GROVE

GROVE (GRoup Outline Viewing Editor, vgl. [EGR91]) ist ein synchroner Gruppeneditor, mit dem mehrere Benutzer parallel an Textgliederungen arbeiten können. Die Teilnehmer haben dabei alle die selbe Sicht auf das Dokument (WYSIWIS-Prinzip), und Änderungsoperationen, die ein Teilnehmer ausführt, werden sofort an alle anderen Teilnehmer propagiert. GROVE unterstützt auch verschiedene Sichtbarkeiten innerhalb der Gliederung, so dass einzelne Zweige beispielsweise nur vom Ersteller oder einer dediziert ausgewählten Teilmenge der Teilnehmer zugänglich sein können. GROVE ließe sich zur Durchführung kollaborativer Kreativitätsprozesse einsetzen. Die Teilnehmer könnten die

[1] Save our Energy - die energie-effiziente Stadt 2020, www.save-our-energy.de. (Stand: 01.10.2009)
[2] brainfloor.com – Open Innovation, www.brainfloor.com. (Stand: 01.10.2009)
[3] brainR, www.brainr.de. (Stand: 01.10.2009)

hierarchische Gliederung dafür nutzen, um Ideenbewertungen oder -kommentare als Unterpunkte zu Ideen zu formulieren. Durch die parallele Eingabemöglichkeit werden negative Effekte durch Produktionsblockaden vermieden. Da die Teilnehmer in Echtzeit beobachten können, welche Benutzer gerade welche Änderungen durchführt, ist von einer verringerten Tendenz zum "Trittbrettfahren" auszugehen. Allerdings sind negative Effekte durch die fehlende Anonymisierung der Benutzer zu erwarten. Hinsichtlich der Designprinzipien für Kreativitätsunterstützungssysteme berücksichtigt GROVE insbesondere die übergreifenden Merkmale Zusammenarbeit und Nahtlosigkeit. Die Benutzerschnittstelle kann als einfach bezeichnet werden, da sie sich an der den meisten Benutzern als bekannt anzunehmenden Gestalt von "normalen" Texteditoren orientiert. Da es sich bei den von den Benutzern generierten Daten um reinen Text handelt, ist von einer guten Portabilität der Daten auszugehen. Die anderen Designkriterien werden von GROVE allerdings nicht erfüllt. Da GROVE nicht speziell für den Einsatz im Rahmen von kreativen Prozessen entwickelt wurde, hat die Anwendung keine entsprechende Prozesskomponente. Das System ist dadurch zwar sehr flexibel einsetzbar, kann aber dafür keine Strukturierung des Prozesses im Sinne von Kreativitätsprozessmodellen oder Kreativitätstechniken bieten.

DOLPHIN

DOLPHIN ist ein synchroner Gruppeneditor, der neben Texten auch andere Inhalte (Bilder, Zeichnungen, Videos etc.) verarbeitet [SGH94]. Die Anwender können diese Elemente beliebig in einem öffentlichen Fenster plazieren. Darüber hinaus ist es möglich, Verknüpfungen (Hyperlinks) zwischen den Elementen herzustellen (siehe Abbildung 3.3). DOLPHIN wurde für die Unterstützung von Face-to-Face-Meetings entwickelt, bei denen jeder Benutzer über einen eigenen Computer verfügt und somit alle Anwender simultan Beiträge erzeugen und bearbeiten können. Dieses Anwendungsszenario kann mit einem für alle sichtbaren "Liveboard", das eine Übersichtsdarstellung der Beiträge anzeigt, erweitert werden. Die Anwender können Beiträge neben dem öffentlichen Fenster, auf das alle Teilnehmer Zugriff haben, auch in privaten (nur der Ersteller hat Zugriff) oder geteilten (nur bestimmte Anwender haben Zugriff) Fenstern verwalten. Auch wenn DOLPHIN nicht speziell zur Unterstützung von Kreativitätsprozessen entworfen wurde, ist die Ideengenerierung das Standardbeispiel für empirische Untersuchungen des Systems. Mark et al. kommen zu dem Ergebnis, das durch die Möglichkeit, Hyperlinks zwischen Beiträgen zu erstellen, die Ideenbeiträge origineller und besser ausgearbeitet werden [MHS95]. Allerdings wird der Prozess auch komplexer, was sich in einer sinkenden Anwenderzufriedenheit niederschlägt. Streitz et al. untersuchten den Einfluss des Liveboards auf den divergenten

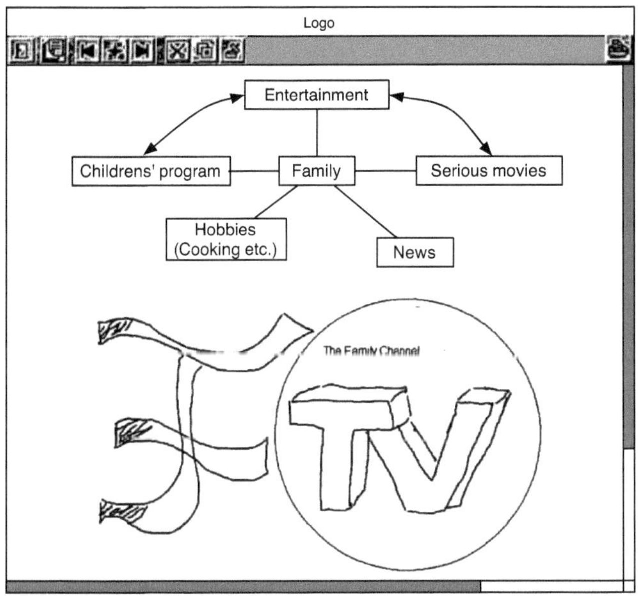

Abbildung 3.3: Öffentliches Fenster von DOLPHIN, nach Quelle: [SRH97].

(Ideengenerierungs-)Prozess [SRH97]. Dazu verglichen sie das Verhalten der Teilnehmer und das Prozessergebnis in drei verschiedenen Gruppen: eine Gruppe arbeitete nur am Liveboard, die zweite Gruppe arbeitete mit DOLPHIN ohne Liveboard, die dritte Gruppe hatte beide Interfaces zur Verfügung. Dabei schnitt die dritte Gruppe am besten ab, was sich die Autoren mit einer guten Arbeitsbalance zwischen individueller Kreativität und Koordination mit den anderen durch das Liveboard erklärten. In DOLPHIN werden neben den allgemeinen Designprinzipien der Zusammenarbeit und der Nahtlosigkeit auch die Austauschbarkeit der Benutzerschnittstellen (Liveboard / Desktopanwendung) umgesetzt. Die Arbeit von Streitz et al. belegt die positiven Wirkung dieses Prinzips. Allerdings vernachlässigt DOLPHIN, neben einigen anderen Prinzipien, den gesamten Bereich der Prozessstrukturierung.

Vor dem Hintergrund, dass aber genau die Prozessstrukturierung ein zentraler Ansatz (vgl. Kapitel 3.2) und ein wesentlicher Erfolgsfaktor (vgl. Kapitel 3.3) der Kreativitätsunter-stützung ist wird deutlich, dass Systeme ohne expliziten Bezug zum Kreativitätsprozess in ihrem Unterstützungspotenzial entscheidend limitiert sind. Diese Überlegungen

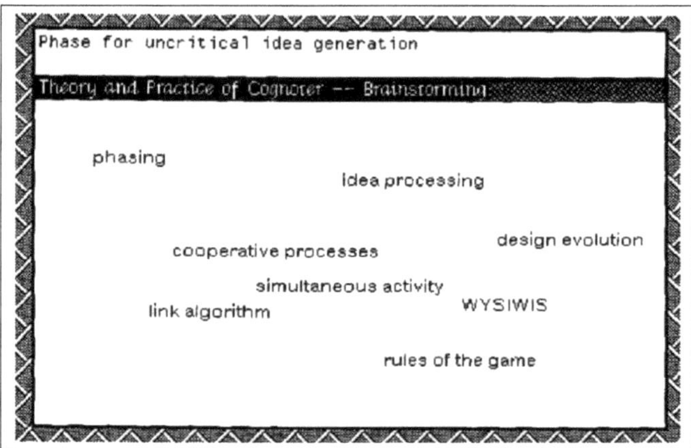

Abbildung 3.4: Brainstorming mit Cognoter. Quelle: [FS86].

gelten entsprechend für vergleichbare allgemeine (d.h. nicht prozessbezogene) Groupware wie Audio- oder Videokonferenzsysteme.

3.5.2 Systeme mit explizitem Bezug zum Kreativitätsprozess

Es werden nun verschiedene Systeme vorgestellt, die explizit zur Unterstützung von (kollaborativen) Kreativitätsprozessen entwickelt wurden.

Cognoter

Eines der ersten Systeme mit ausdrücklichem Bezug zum Kreativitätsprozess ist *Cognoter* [FS86]. Es unterstützt einen dreiphasigen Kreativitätsprozess und unterscheidet dabei die Phasen Brainstorming, Ordnen von Ideen und Evaluieren von Ideen. Die Ideenbeiträge können während der Brainstorming-Phase frei auf dem Bildschirm angeordnet werden (siehe Abbildung 3.4). In der Ordnungsphase können die Teilnehmer Beziehungen zwischen Ideen durch Kanten visualisieren und damit auch Beiträge gruppieren. Es können aber keine Einträge entfernt werden. Dies ist erst in der abschließenden Evaluierungsphase möglich, in der auch letzte Umstrukturierungen vorgenommen werden können. Eine direkte Bewertung oder Kommentierung von Beiträgen ist dagegen nicht möglich. In Cognoter lassen sich die Designprinzipien der Zusammenarbeit, der Nahtlosigkeit, der Einfachheit der Benutzerschnittstelle sowie der Prozessstrukturierung wiederfinden. Bezogen auf die Phasenmodelle des kreativen Prozesses entspricht das Brainstorming in Cognoter der divergenten Phase, das Ordnen und Evaluieren der Ideen einer konvergenten Phase. Demnach lassen sich mit Cognoter die bekannten Kreativitätsprozessmodelle abbilden. Allerdings mangelt es Cognoter an einer Modularisierung des Prozessmodells, weshalb die Reihenfolge der Phasen auch nicht auf eine konkrete Einsatzsituation angepasst werden kann. Dadurch, dass auch die Phasen selbst nicht modifizierbar sind, können mit Cognoter auch keine anderen Kreativitätstechniken als Brainstorming abgebildet werden. Die Unterstützung der konvergenten Phase ist in Anbetracht der fehlenden Bewertungsmöglichkeiten nicht stark ausgeprägt.

BEACH

BEACH (Basic Environment for Active Collaboration with Hypermedia) ist eine Weiterentwicklung von DOLPHIN, bei dem die Unterstützung von Teams bei kreativen Tätigkeiten im Vordergrund steht [MP01]. Das System lehnt sich dabei an die Metaplan-Kreativitätstechnik an, die es vorsieht, dass die Teilnehmer ihre Ideen schriftlich auf Karten festhalten, die dann auf einer von allen Teilnehmern einsehbaren Pinnwand angeordnet werden [Sch75]. Damit sollen sowohl individuelle Arbeitsphasen (Karten mit Ideenbeiträgen versehen) als auch kollaborative Arbeitsphasen (Diskussion der Beiträge an der Pinnwand) Berücksichtigung finden. Die schon von DOLPHIN bekannten Liveboard-Benutzerschnittstelle (großes Wanddisplay, vor dem die Benutzer agieren) wurde dazu speziell auf die baumartige Strukturierung von Ideen erweitert (BeachMap). Zusätzlich wurde eine Zusatzanwendung für mobile Endgeräte namens PalmBEACH entwickelt. PalmBEACH bieten den Anwendern die Möglichkeit, ohne speziellen Sitzungskontext ihre Ideen auf virtuelle Karten zu notieren. Dabei sollen insbesondere Situationen abgedeckt werden, bei denen Ideen erst dann aufkommen, wenn man sich nicht mehr aktiv mit dem Problem beschäftigt. Zu einem späteren Zeitpunkt können die virtuellen Karten von PalmBEACH dann für eine kollaborative Arbeitsphase auf das Liveboard zu BeachMap übertragen werden. BEACH berücksichtigt also das Designprinzip der verschiedenen Benutzerschnittstellen und bietet gleichzeitig Nahtlosigkeit beim Übergang zwischen den Prozessphasen sowie Datenportabilität. Für beide Phasen des Kreativitätsprozesses werden spezielle Schnittstellen angeboten: für die divergente Phase ist PalmBEACH geeignet, die konvergente Phase unterstützt BeachMap. Der Kreativitätsprozess ist allerdings fest auf die Metaplan-Technik beschränkt, wodurch die Prinzipien der Modularität und der Flexibilität nicht ausreichend Berücksichtigung finden.

GroupSystems / Thinktank

GroupSystems ist ein Gruppenunterstützungssystem mit Fokus auf den Kreativitätsprozess. Das System entsprang den Forschungsaktivitäten im Bereich GSS um Jay Nunamaker an der Universtität von Arizona. Es wird mittlerweile von einer gleichnamigen Firma kommerziell vertrieben[4]. Während die ersten Versionen von GroupSystems noch für DOS bzw. Windows-Betriebssysteme entwickelt wurden, läuft das System seit 2004 browserbasiert über das Internet und heißt mittlerweile Thinktank. Thinktank bietet mehrere Module an, durch deren Kombination eine Agenda für ein elektronisches Meeting erstellt werden kann. Darunter gibt es auch Brainstorming-Modul für die divergente Phase des Kreativitätsprozesses. Ähnlich wie in einem Chat geben die Anwender ihre Ideen in ein Textfeld ein. Nach dem Abschicken der Idee wird diese unmittelbar in eine für alle Teilnehmer sichtbare Liste am oberen Bildschirmrand eingetragen. Der Ersteller einer Sitzung kann festlegen, ob die Beiträge anonymisiert werden oder nicht. Für die divergente Phase bietet Thinktank zwei Module an: eines eignet sich zur Kategorisierung von Ideenvorschlägen, ein anderes zur Bewertung der Ideen durch die Teilnehmer einer Sitzung. Der Modus der Bewertung kann dabei zu einem gewissen Grad angepasst werden, z.B. können verschiedene Bewertungsskalen oder die zu bewertenden Kriterien festgelegt werden (siehe Abbildung 3.5). Die Beiträge der Teilnehmer werden bei Wechseln zwischen den verschiedenen Modulen automatisch transferiert. Am Ende einer Sitzung kann ein Bericht über Sitzungsverlauf und -ergebnisse erstellt werden.

Bezogen auf die Designprinzipien berücksichtigt Thinktank die allgemeinen Prinzipien der Zusammenarbeit und Nahtlosigkeit. Die Benutzerschnittstelle ist relativ einfach, bietet aber auch komplexere Funktionen für erfahrene Benutzer. Allerdings lässt sich die Benutzerschnittstelle nicht austauschen, sie ist fest mit dem Rest des Systems verknüpft. Die Portabilität der Anwenderdaten ist gegeben, es fehlen aber Möglichkeiten zur explorativen Suche sowie eine detaillierte Änderungshistorie. Gegenüber den anderen betrachteten Systemen bietet Thinktank das am stärksten modularisierte Prozessmodell. Dadurch, dass der Sitzungsablauf baukastenartig aus verschiedenen Modulen zusammengestellt werden kann, wird dem Designprinzip "Struktur und Flexibilität" Rechnung getragen. Betrachtet man das Prozessmodell mit Blick auf die große Vielfalt existierender Kreativitätstechniken, wird aber klar, dass Thinktank mit der Beschränkung auf das (anonyme / nicht-anonyme) Brainstorming für die divergente Phase Potenzial zur Kreativitätsunterstützung ungenutzt lässt.

Es lässt sich zusammenfassen, dass Groupware ohne expliziten Bezug zum Kreati-

[4]GroupSystems Inc., www.groupsystems.com. (Stand: 01.10.2009)

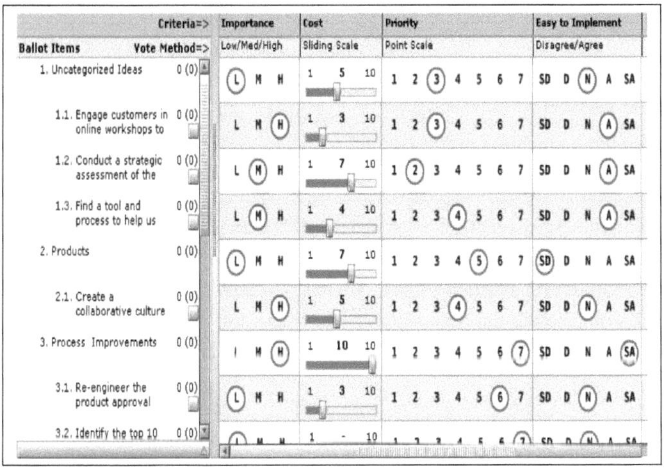

Abbildung 3.5: Ideenbewertung mit Thinktank. Quelle: [Gro].

vitätspro-zess zwar zur Umsetzung kreativer Prozesse genutzt werden kann, wegen der fehlenden Prozessstrukturierung aber mit einem entscheidenden Nachteil behaftet ist. Die vorgestellten Systeme mit explizitem Bezug zum Kreativitätsprozess unterstützen sowohl die divergente als auch die konvergenten Prozessphasen, allerdings sind sie dabei auf wenige Module beschränkt, die in der Regel fest vom System vorgegeben sind. Nur Thinktank erlaubt eine gewisse Flexibilität durch die Auswahl der Reihenfolge der Module. Bisherige Systeme unterstützen nur einen kleinen Teil der existierenden Kreativitätstechniken. Aus den bereits in Abschnitt 3.2.1 beschriebenen Gründen stellt dies aber eine Limitierung des Unterstützungspotenzials dar. Als Grundlage zur Überwindung dieser Limitierung wird ein einheitliches Prozessmodell benötigt, mit dem sich auch unterschiedliche Kreativitätstechniken abbilden lassen.

3.6 Zusammenfassung

In diesem Kapitel wurde das Thema Kreativitätsunterstützungssysteme umfassend behandelt. Zunächst wurde festgestellt, dass Informationssysteme Prozesse allgemein durch Bereitstellung von Information und Kommunikation unterstützen können. Anschließend wurden Definitionen für die Begriffe Gruppenunterstützungssystem (GSS) und Kreativitätsunterstützungssystem (CSS) gegeben.

Danach wurden verschiedene Ansätze zur Unterstützung von Kreativität mittels CSS vorgestellt. Dabei wurde die Prozessstrukturierung (auf Basis von Kreativitätsprozessmodellen oder Kreativitätstechniken) als zentraler Ansatz für die Unterstützung allgemeiner Kreativitätsprozesse genannt, während bei kollaborativen Kreativitätsprozessen zusätzlich die Vermeidung der in Kapitel 2 thematisierten negativen Faktoren von Bedeutung ist.

Die Betrachtung empirischer Studien mit CSS führte zu der Schlussfolgerung, dass CSS-Gruppen besser abschneiden als traditionelle face-to-face Gruppen. Studien zum Vergleich zwischen CSS-Gruppen und nominellen Gruppen lieferten widersprüchliche Ergebnisse. Dies ließ sich auch auf die Heterogenität der eingesetzten CSS zurückführen, die die Verallgemeinerung einzelner empirischer Ergebnisse erschwert.

Danach wurden Designprinzipien für CSS von verschiedenen Autoren zusammengefasst und vor diesem Hintergrund eine Reihe existierender Unterstützungssysteme mit und ohne expliziten Kreativitätsbezug vorgestellt. Es wurde insbesondere festgestellt, dass die existierende Systeme nur eine oder sehr wenige Kreativitätstechniken unterstützen, wodurch die Designprinzipien der Struktur und der Flexibilität nur unzureichend Berücksichtigung finden. Eine Grundlage für ein in diesem Punkt verbessertes CSS stellt ein einheitliches Prozessmodell dar. Einen Vorschlag für ein solches Modell wird im nächsten Kapitel präsentiert.

4 Einheitliches Modell des Kreativitätsprozesses

In den vorhergehenden Kapiteln wurde herausgearbeitet, dass die Strukturierung des Kreativitätsprozesses - entweder auf Basis von allgemeinen psychologischen Prozessmodellen oder durch einzelne Kreativitätstechniken - einen zentralen Ansatz für Unterstützungssysteme darstellt. Dabei wurde auch aufgezeigt, dass eine einheitliche Modellierung, die also sowohl den verschiedenen allgemeinen Kreativitätsprozessmodellen als auch der Vielzahl an Kreativitätstechniken gerecht wird, eine Grundlage für modularere und flexiblere Unterstützungssysteme sein kann. Damit könnte wiederum ein wichtiges Designprinzip für CSS besser erfüllt werden als mit den bisher verfolgten Ansätzen.

In diesem Kapitel soll ein solches einheitliches Modell des Kreativitätsprozesses vorgestellt werden. Zunächst wird dazu die Prozessanalyse beschrieben, deren Ziel die Identifizierung der wesentlichen Elemente und Zusammenhänge der psychologischen Kreativitätsprozessmodelle aus Kapitel 2.2 sowie der aus Kreativitätstechniken resultierenden Prozesse aus Kapitel 2.3 ist. Dabei soll auch geklärt werden, an welchen Stellen und in welcher Form eine Unterstützung des Prozesses (z.B. durch ein CSS) überhaupt möglich ist. Im Anschluss daran werden die Ergebnisse aus der Analyse als Grundlage für ein formales einheitliches Prozessmodell herangezogen, das sich für die Nutzung in einem CSS eignet. Das formale Modell bildet dann die Grundlage für ein generisches Kreativitätsunterstützungssystem, dessen Architektur in Kapitel 5 beschrieben wird. Abbildung 4.1 visualisiert die Methodik.

4.1 Prozessanalyse

4.1.1 Psychologische Kreativitätsprozessmodelle

Die Kreativitätsprozessmodelle aus dem Bereich der Psychologie wurden in Kapitel 2.2 ausführlich beschrieben. Folgende Implikationen der Modelle, die ein einheitliches Pro-

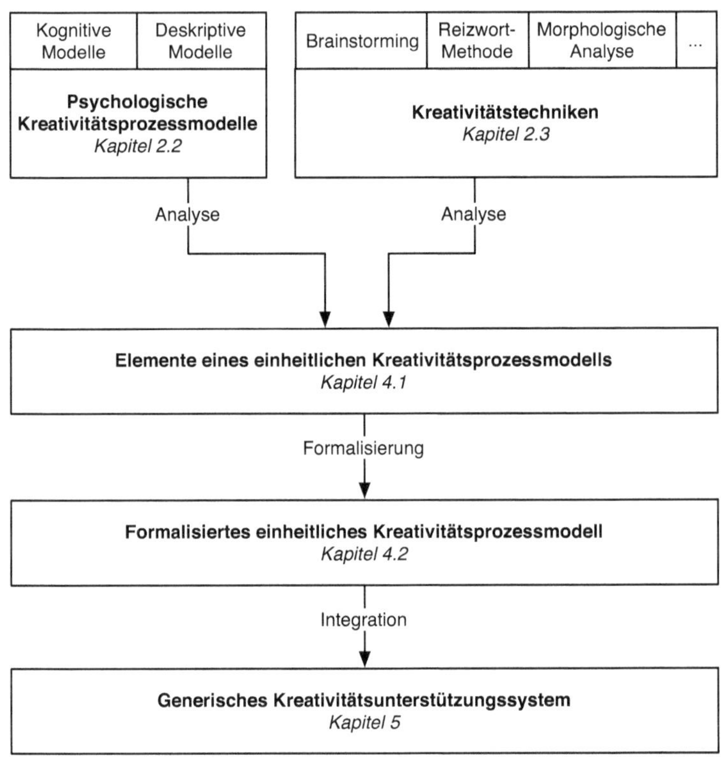

Abbildung 4.1: Methodik der Prozessentwicklung.

zessmodell berücksichtigen muss, sollen festgehalten werden:

1. Kreativitätsprozesse lassen sich auf kognitive Prozesse zurückführen. Dies ist die Grundannahme der kognitiven Modelle.
2. Es lassen sich zwei Typen von kognitiven Prozessen unterscheiden: divergente Prozesse, bei denen die Ideengenerierung betrieben wird, und konvergente Prozesse, bei denen generierte Ideen bewertet werden. Diese Unterscheidung findet sich sowohl im Geneplore-Modell als auch in den verschiedenen deskriptiven Modellen.
3. Die kognitiven Prozesse benötigen einen gewissen Ausgangspunkt, der vorgibt, in welche Richtung überhaupt Ideen entwickelt werden sollen. Im Geneplore-Modell wird dieser Ausgangspunkt im Rahmen der "Product Constraints" berücksichtigt, aber nicht weiter spezifiziert. In den deskriptiven Modellen wird dagegen konkret die Problemstellung als Ausgangspunkt für einen Kreativitätsprozess genannt.
4. In einem Kreativitätsprozess sollen die zwei Typen von kognitiven Prozessen getrennt voneinander erfolgen. Ein elementarer Kreativitätsprozess ist demnach eine sequentielle Abfolge eines divergenten und eines konvergenten Prozesses im Kontext einer gegebenen Problemstellung. Die kognitiven Prozesse werden daher auch als (divergente und konvergente) Phasen des Kreativitätsprozesses bezeichnet.
5. Komplexere Kreativitätsprozesse entstehen durch Kombination elementarer Kreativitätsprozesse. Dies wurde in Kapitel 2.2 am Beispiel des Osborn / Parnes - Modells bereits verdeutlicht. Das Osborn / Parnes - Modell zeigt auch, dass sich die elementaren Kreativitätsprozesse, die zu einem komplexen Prozess zusammengefasst werden, in der Regel durch ihre jeweilige Problemstellung unterscheiden (sonst wären es ja die gleichen Prozesse). Die Problemstellungen stehen dabei in der Regel in einem Gesamtzusammenhang. Die Ergebnisse eines Prozesses können auch Einfluss auf einen Folgeprozess haben, indem sie z.B. in dessen Problemdefinition eingehen.

Aus diesen Implikationen lassen sich folgende Basiselemente für ein einheitliches Modell des Kreativitätsprozesses motivieren: Ein Kreativitätsprozess besteht aus einem oder mehreren verbundenen elementaren Kreativitätsprozessen. Ein elementarer Kreativitätsprozess besteht wiederum aus zwei aufeinanderfolgenden Phasen, die jeweils kognitive Prozesse sind. Die erste Phase ist die divergente Phase, bei der die kognitive Aufgabe darin besteht, Ideen für ein Problem zu suchen, ohne diese zu bewerten. In der sich sich anschließenden konvergenten Phase werden diese Ideen bewertet, was auch wieder eine kognitive Aufgabe darstellt. Das Ergebnis der konvergenten Phase ist das Ergebnis des elementaren Kreativitätsprozesses. Abbildung 4.2 stellt diese Zusammenhänge für einen elementaren Kreativitätsprozess grafisch dar. Ein komplexer Kreativitätsprozess kann aus der Kombination dieser elementaren Kreativitätsprozesse gebildet werden.

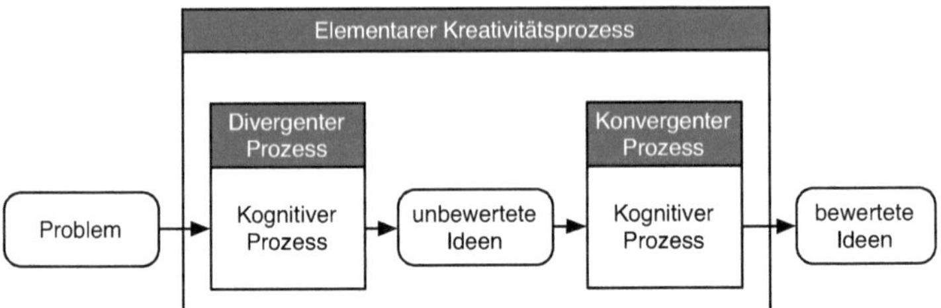

Abbildung 4.2: Elementarer Kreativitätsprozess.

Im Hinblick auf die Frage, welche Möglichkeiten es nun gibt, einen solchen Kreativitätspro-zess zu unterstützen, muss zunächst geklärt werden, an welchen Stellen und in welcher Form eine Beeinflussung des Prozesses überhaupt möglich ist. Dabei lassen sich zwei Ansätze identifizieren:

1. Festlegung einer bestimmten Kombination elementarer Kreativitätsprozesse in einem komplexen Kreativitätsprozess.
2. Beeinflussung der Phasen innerhalb eines elementaren Kreativitätsprozesses.

Der ersten Ansatz findet sich wie bereits erläutert bei den deskriptiven Prozessmodelle wie dem von Osborn / Parnes, bei dem ein komplexer Prozess aus der sequentiellen Kombination von fünf elementaren Kreativitätsprozessen aufgebaut wird. Daraus kann aber noch nicht geschlussfolgert werden, dass die sequentielle Kombination der elementaren Kreativitätsprozesse die einzige sinnvolle Art der Verbindung darstellt. Hinweise auf eine Unterstützung der Phasen innerhalb der elementaren Kreativitätsprozesse, in denen ja der eigentliche Output generiert werden soll, können die Prozessmodelle ohnehin nicht bieten. Im folgenden soll nun genauer untersucht werden, wie die kognitiven Prozesse dieser Phasen grundsätzlich beeinflusst werden können und welche anderen Arten der Kombination von elementaren Kreativitätsprozessen noch berücksichtigt werden sollten.

Kognitive Prozesse spielen sich im menschlichen Gehirn ab und ergeben sich aus dem Zusammenspiel von Milliarden von Nervenzellen. Diese Prozesse sind so vielschichtig, dass sie trotz stetiger Fortschritte in den Neurowissenschaften noch nicht adäquat beschrieben und erklärt werden können. Obgleich es Ansätze gibt, kreative Prozesse in bestimmten Bereichen (vgl. [Bod99]) oder sogar allgemeine kognitive Prozesse (z.B. das *Blue Brain Project* der Universität Lausanne[1]) mittels Computern zu simulieren, sind die bisherigen Ergebnisse noch weit davon entfernt, daraus eine ernstzunehmende Form von Computer-

[1]Blue Brain Project, `http://bluebrain.epfl.ch`. (Stand: 01.10.2009)

kreativität entwickeln zu können. Der kognitive Prozess muss aufgrund seiner (noch) nicht entschlüsselten Komplexität also modellhaft als eine Black Box gesehen werden.

Dies ist allerdings nicht weiter tragisch, da in der realen Welt kognitive Prozesse nie isoliert - also nur aufs Gehirn beschränkt - auftreten, sondern immer in Interaktion mit der Umwelt stattfinden. Zum einen werden die Abläufe im Gehirn und damit deren Ergebnisse nicht nur durch den jeweiligen Zustand des Gehirns, sondern auch durch die über die Sinnesorgane aufgenommenen Außenreize beeinflusst. Zum anderen ist es notwendig, die Gedanken im Anschluss zu explizieren, also in irgendeiner Form der Außenwelt mitzuteilen. In der Regel geschieht dies verbal oder schriftlich, es kann aber auch in Form von Bildern, dreidimensionalen Konstrukten oder beliebigen Mischformen geschehen. Erst eine Explikation eines Gedankens kann als Ergebnis des kognitiven Prozesses betrachtet und bewertet werden. Ein kognitiver Prozess ist aus dieser Perspektive ein nicht genauer spezifizierter informationsverarbeitender Prozess, der für bestimmte Eingabeinformationen (z.B. Problembeschreibungen) bestimmte Ausgabeinformationen (z.B. Ideen, Bewertung) produziert. Wie genau diese Informationsverarbeitung passiert, ist nicht weiter von Bedeutung.

Diese Informationsverarbeitungssicht bildet den Ansatzpunkt für eine Beeinflussung von kognitiven Prozessen und damit auch der Phasen innerhalb des Kreativitätsprozesses: Durch Einflussnahme auf die zu einem Zeitpunkt zur Verfügung stehenden Informationen (Eingabe) sowie die Einflussnahme auf die Explikation des kognitiven Prozesses (Ausgabe) lässt sich der kognitive Prozess in gewissen Grenzen steuern.

Ein solcher unterstützter kognitiver Prozess kann dabei als ein zweistufiger informationsverarbeitender Prozess verstanden werden kann, bei dem eine Komponente zur Einflussnahme dem Menschen "vorgeschaltet" ist. (vgl. Abbildung 4.3). Eine solche Komponente könnte in der Praxis ein CSS sein, die Transformationsaufgaben können aber auch von einem Moderator erfüllt werden. Die Komponente kann die Eingabeinformation des ko-

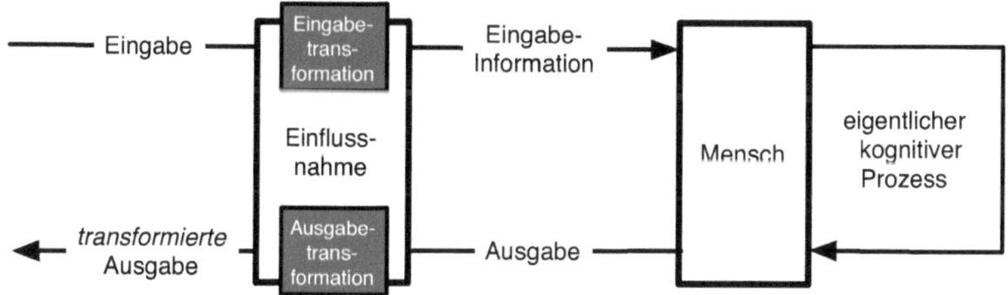

Abbildung 4.3: Unterstützter kognitiver Prozess.

gnitiven Prozesses, die zunächst durch die konkrete Umweltsituation ohne Einfluss des Systems gegeben ist, laufend *transformieren*. Als Transformieren wird das Bereitstellen von Zusatzinformationen, die Modifikation existierender Information sowie das Verbergen existierender Information verstanden. Hierbei kann unterschieden werden zwischen:

1. Transformationen der *Eingabe* des kognitiven Prozesses: Die dem Menschen in einem Moment zur Verfügung stehenden Informationen wird transformiert (z.B. Informationen ausblenden, Zusatzinformationen liefern, Informationen verändern).

2. Transformationen der *Ausgabe* des kognitiven Prozesses: Das Ergebnis des kognitiven Prozesses kann bei dessen Explikation transformiert werden, indem hierzu nur bestimmte Möglichkeiten gewährt bzw. bestimme Einschränkungen auferlegt werden. So kann z.B. die Ideendarstellungsform eingeschränkt werden, indem nur zeichnerische Darstellungen der Idee erlaubt werden. Dies kann wiederum als Ausblenden aller anderen denkbaren Darstellungsformen interpretiert werden. Das transformierte Ergebnis des kognitiven Prozesses ist dann das Ergebnis des unterstützten kognitiven Prozesses.

Kollaborative Kreativitätsprozesse werden in diesem Modell als permanente Bereitstellung des Outputs eines Teilnehmers als Input für die anderen Teilnehmer verstanden. Dies entspricht der Beobachtung, dass eine bestimmte Idee immer nur einem einzelnen Menschen entspringen kann. Allerdings kann die Idee sehr wohl die Folge einer oder mehrerer stimulierender Ideen anderer Teilnehmer sein.

Bis zu dieser Stelle wurden Elemente für ein recht allgemeines vereinheitlichtes Rahmenmodell des Kreativitätsprozesses, basierend auf den kognitiven und deskriptiven psychologischen Prozessmodellen, beschrieben. Es wurde argumentiert, dass die Unterstützung des Kreativitätsprozesses auf Informationstransformation innerhalb einer Prozessphase sowie auf Kombination elementarer Prozesse beschränkt ist. Offensichtlich gibt es eine unbegrenzte Zahl von denkbaren Informationstransformationen und Prozesskombinationen. Es stellt sich die Frage, welche dieser Transformationen und Kombinationen schließlich besonders geeignet sind, d.h. einen positiven Effekt auf das Ergebnis des Kreativitätsprozesses haben. Es wurde bereits in Kapitel 2.2.1 angemerkt, dass die psychologischen Prozessmodelle zur konkreten Ausgestaltung des Prozesses relativ wenig Hilfestellung geben können und dass Kreativitätstechniken in dieser Hinsicht eine nützlichere Informationsquelle darstellen. Daher werden nun Kreativitätsprozesse, die sich aus der Durchführung von Kreativitätstechniken ergeben, genauer betrachtet.

4.1.2 Kreativitätstechniken

Kreativitätstechniken können als Ablaufvorgaben für Kreativitätsprozesse verstanden werden. Beispielsweise gibt die Reizwortmethode vor, dass die Teilnehmer nach Lösungen für ein gegebenes Problem suchen und diese dabei mit einem gegebenen Reizwort verknüpfen müssen. Die Brainwriting-Methode legt fest, dass die Ideen ausschließlich schriftlich formuliert werden dürfen. In Kapitel 2.3.3 wurden bereits Ergebnisse empirischer Studien vorgestellt, die die Wirksamkeit dieser Ansätze in der Praxis bestätigen.

Dabei gilt es festzuhalten, dass Kreativitätstechniken in ihren Einflussmöglichkeiten darauf beschränkt sind, an den Schnittstellen zwischen Umwelt und Mensch anzusetzen und z.B. bestimmte Reize zu setzen (z.B. Reizworttechnik) oder den Teilnehmern Verhaltensweisen vorzugeben (z.B. Brainwriting). Diese Ansätze stellen Informationstransformationen (im Sinne des unterstützten kognitiven Prozesses aus Abbildung 4.3) dar. In der Reizworttechnik wird zur Problemdefinition eine Information in Form eines geistigen Stimulus hinzugefügt (Eingabe-Transformation). Beim Brainwriting muss die Ideenexplikation schriftlich geschehen (Ausgabe-Transformation). Um der im vorherigen Abschnitt aufgeworfene Frage nach den geeigneten Transformationen nachzugehen ist es naheliegend, die durch Kreativitätstechniken implizierten Transformationen näher zu untersuchen.

Dazu wurden folgende 40 verschiedenen Kreativitätstechniken im Hinblick auf die Abläufe der Kreativitätsprozesse, die durch sie impliziert werden, analysiert:

- Analogietechnik [Van88] [Myc]
- Annahmenumkehr [Myc]
- Anonymes Brainstorming [Van88] [Myc]
- Attributlisten [Van88]
- Battelle-Methode [Van88]
- Bionik [Van88] [Myc]
- Brainsketching [Myc]
- Brainstorming [Van88] [Myc]
- Brainwriting [Van88]
- Brainwriting 6-3-5 (Methode 6-3-5) [Van88] [Myc]
- Buglisting [Myc]
- Bulletproofing [Myc]
- Burg-Technik [Van88]

- CATWOE [Myc]
- Collective Notebook [Myc]
- Disney-Technik [Myc]
- Five Ws and H [Myc]
- Freies Assoziieren [Van88] [Myc]
- Four-Futures [Myc]
- Gap-Analyse [Myc]
- Grenzenuntersuchung [Myc]
- Grußkarten [Van88] [Myc]
- Kreative Evaluation [Van88]
- Klischees, Sprichwörter und Maximen [Van88]
- Metaphern [Van88]
- Morphologische Analyse [Van88] [Myc]
- Negatives (oder umgekehrtes) Brainstorming [Van88]
- Osborns Checkliste [Myc]
- Problemumkehr [Myc]
- Progressive Abstraktion [Myc]
- Provokationstechnik [Myc]
- Reizworttechnik [Myc]
- SCAMPER [Myc]
- Six-Thinking-Hats [Myc]
- SWOT [Myc]
- Superheldentechnik [Van88] [Myc]
- Übertreibungstechnik [Van88]
- Vorteil-Nachteil [Van88] [Myc]
- Vorteile, Einschränkungen und Alleinstellungsmerkmale [Myc]
- Wishful Thinking [Van88]

Eine Kurzbeschreibung der einzelnen Techniken findet sich im Anhang. Dadurch, dass weder ein konsensfähiger Kanon von Kreativitätstechniken noch eine Authorität existiert, die darüber entscheiden kann, was als Kreativitätstechnik anerkannt wird und was nicht, bleibt eine Auswahl von Kreativitätstechniken immer zu einem gewissen Grade willkürlich und unvollständig. Bei der hier vorgenommenen Auswahl wurden eine Obermenge aus einer der umfangreichsten wissenschaftlichen Veröffentlichungen zum Thema und der zu diesem Zeitpunkt bekanntesten Internetquelle in diesem Bereich gebildet. Es ist also plausibel anzunehmen, dass dieses Vorgehen zumindest zu einer gewissen Repräsentativität der Auswahl führt.

Die Analyse hat ergeben, dass sich die Prozessvorgaben der Kreativitätstechniken tatsächlich auf spezielle Eingabe und Ausgabe-Transformationen sowie auf Prozesskombinationen zurückführen lassen. Dabei stellte sich heraus, dass sich die Techniken auf eine überraschend kleine Anzahl von Transformationen stützen (vgl. [FB08]). Die Transformationen werden dann wiederum häufig mit dem Ansatz der Prozesskombination verknüpft. Die wiederkehrenden Transformationen, auf die die untersuchten Kreativitätstechniken zurückgreifen, werden im Folgenden als Funktionsmuster der Kreativitätstechniken bezeichnet und genauer erläutert. Dabei werden zunächst die Funktionsmuster beschrieben, die eine Transformation der Eingabeinformation darstellen, und anschließend diejenigen, die einer Transformation der Ausgabeinformation entsprechen (vgl. wieder Abbildung 4.3).

Funktionsmuster der Eingabe-Transformationen

In den divergenten Phasen der Kreativitätsprozesse treten unterschiedliche Funktionsmuster zur Transformation des Prozessinputs auf als in den konvergenten Phasen. In den divergenten Phasen traten folgende zwei Funktionsmuster auf:

- Stimuli: Als (mentaler) Stimulus kann jede Art von Information bezeichnet werden, die einen Einfluss auf den menschlichen kognitiven Prozess ausüben soll. Mentale Stimuli sind eines der häufigsten Funktionsmuster, auf die Kreativitätstechniken zur Unterstützung divergenter Phasen des Kreativitätsprozesses zurückgreifen. Die Stimuli können entweder fest von der Kreativitätstechnik vorgegeben sein oder, was der Regelfall ist, in einem vorhergehenden Prozess von den Teilnehmern selbst bestimmt werden. Dies entspricht der im vorherigen Abschnitt beschriebenen Ansatz der Prozesskombination und wird z.B. bei der Reizwortmethode praktiziert, bei der sich die Teilnehmer zuerst ein problemfernes Wort ausdenken und dann versuchen, mit diesem Wort als Stimulus auf kreative Lösungsideen zum eigentlichen Problem zu kommen. Das gleiche Prinzip kommt bei der Bionik zum Tragen, bei der in einem ersten Kreativitätsprozess Analogien zur Natur gebildet werden und diese in einem zweiten Prozess dann auf die gegebene Problemstellung übertragen werden sollen.
- Ideen: Im Gegensatz zu Stimuli können vorgegebene Ideen unmittelbar zum Gene-

rieren neuer Ideen genutzt werden. Dies kann grundsätzlich durch Kombination der vorhandenen Ideen oder durch Einbringen neuer Ideen geschehen. Dies passiert in der Regel laufend bei kollaborativen Kreativitätsprozessen, bei denen die Ideen eines Teilnehmers direkt den anderen Teilnehmern gezeigt werden. Die Ideen können aber auch das Ergebnis vorhergehender Phasen darstellen, was wieder dem Prinzip der Prozesskombination entspricht. Ein Beispiel für dieses Funktionsmuster findet sich bei der Morphologischen Analyse, bei der die Teilnehmer zunächst versuchen, das ursprüngliche Problem in Komponenten zu zerlegen, danach für die einzelnen Komponenten Lösungsideen zu finden und schließlich für das Ursprungsproblem Ideen durch Kombination der Komponentenlösungen zu konstruieren.

In den konvergenten Phasen wurden folgende zwei Funktionsmuster identifiziert:

- Kriterien: Kriterien dienen dazu, die Bewertung einer Idee von vornherein auf einen bestimmten Aspekt (Kriterium) zu begrenzen. Liegt kein Kriterium vor müssen die Bewerter allgemein entscheiden, ob bzw. wie sehr die Idee als ganzes als valide Lösung für das gegebene Problem zu sehen ist. Durch ein Kriterium wird der Entscheidungsspielraum begrenzt und damit die Entscheidungssituation in der Regel vereinfacht. Die Vorteil-Nachteil-Technik nutzt das Kriterien-Muster und lässt die Teilnehmer zunächst die Vorteile und dann die Nachteile einer Idee auflisten. Gemäß der Burgtechnik sollen die Teilnehmer die Ideen hinsichtlich ihrer Akzeptabilität, ihrer Umsetzbarkeit und ihrer Originalität bewerten. Neben diesen statischen Kriterien gibt es auch die Möglichkeit, die Kriterien wieder im Sinne einer Prozesskombination durch Vorlagerung eines weiteren Kreativitätsprozesses selbst definieren zu lassen.
- Szenarien: Ein Szenario ist die Beschreibung einer (plausiblen) Zukunft. Durch das Szenarien-Muster wird also ein hypothetischer zukünftiger Kontext definiert, aus dessen Perspektive die Ideen bewertet werden sollen. Die Four-Futures-Technik gibt beispielsweise vier Szenarien mit unterschiedlicher wirtschaftlicher und gesellschaftlicher Entwicklung vor, wodurch die Implikationen und insbesondere das Risiko der Implementierung einer Idee genauere Beachtung finden soll. Analog zum Kriterien-Muster können die Szenarien statisch von der Technik vorgegeben sein oder in vorgelagerten Prozessen selbst generiert worden sein.

Funktionsmuster der Ausgabe-Transformationen

Bestimmte Funktionsmuster, die den Kreativitätsprozess durch Ausgabe-Transformationen beeinflussen, treten sowohl in den divergenten als auch in den konvergenten Phasen auf, während andere Funktionsmuster nur exklusiv in einer der beiden Phasen zu finden waren. Folgende zwei Muster treten in beiden Phasen auf:

- Anonymisierung: Wie bereits im Abschnitt 2.3.3 erläutert wurde, kann eine Anonymisierung der Teilnehmer bei der Einbringung oder bei der Bewertung von Ideen unerwünschten sozialen Effekten vorbeugen - insbesondere wenn Hierarchien zwischen den Personen existieren. So ist es beispielsweise denkbar, dass Teilnehmer in den divergenten Phasen aus Angst vor Reputationsverlust unorthodoxe Ideen nicht äußern. In den konvergenten Phasen des Kreativitätsprozesses kann es dazu kommen, dass Teilnehmer konfliktscheu den Weg des geringsten Widerstands gehen und sich pauschal der Meinung hierarchisch höher gestellter Personen anschließen. Dies kann dazu führen, dass die Bewertung zu einseitig ausfällt und bestimmte Risiken nicht thematisiert werden.

- Zeitlimit: Ein zeitliche Beschränkung für die Phasendauer festzulegen kann aus organisatorischer Gründen unumgänglich sein, da dadurch eine Obergrenze für die Dauer eines Kreativitätsprozesses ex ante definiert werden kann. Auch für die Synchronisierung von parallel ablaufenden Kreativitätsprozessen, bei denen eine Gesamtgruppe für eine bestimmte Zeit in kleineren Gruppen getrennt arbeitet (wie z.B. bei der Brainwriting 6-3-5 Technik), ist ein Zeitlimit hilfreich. Inhaltlich lässt sich argumentieren, dass eine relativ strikte Zeitbegrenzung eine Aufgabenfokussierung und damit eine verbesserte Konzentration und Ergebnisorientierung der Teilnehmer mit sich bringt. Gegen ein striktes Zeitlimit kann vorgebracht werden, dass dadurch ggf. eine Drucksituation entsteht, die sich negativ auf die Kreativitätsleistung der Teilnehmer auswirken kann. Die Vorteilhaftigkeit eines Zeitlimits kann von weiteren externen Rahmenbedingungen wie Gruppengröße, Dringlichkeit einer Lösungsfindung sowie Komplexität des Problems abhängen.

Folgende zwei Muster treten nur in divergenten Phasen auf:

- Einschränkungen der möglichen Ideenrepräsentationen: Einige wenige Kreativitätstechniken schränken die Teilnehmer bei den ihnen zur Verfügung stehenden Mittel zur Repräsentation ihrer Ideen ein. So sind beim Brainsketching nur Ideen erlaubt, die als Zeichnungen repräsentiert sind. Die Grußkartentechnik schreibt den Gebrauch von Bildern aus externen Quellen vor, die zu einem (symbolgeladenen) Ganzen zusammengebaut werden sollen. Die meisten Techniken haben allerdings keine zwingenden Vorgaben in Bezug auf die Repräsentation der Ideen.

- Beschränkung der Ideenanzahl: Die Beschränkung der Ideenanzahl mag auf den ersten Blick kontraproduktiv wirken, kann aber für umfangreichere Kreativitätsprozesse aus praktischen Gründen nützlich sein, wie z.B. bei der Brainwriting 6-3-5 Technik. Es gibt auch Hinweise darauf, dass eine Beschränkung der Ideenanzahl zu elaborierteren Ideen führt [NMHK07].

Folgende zwei Muster treten nur in konvergenten Phasen auf:

- Scoring: Mit Scoring wird das Zuweisen von Zahlenwerten zu Ideen bezeichnet. Werden Ideen von Teilnehmern mittels Scoring bewertet, können sie im Anschluss leicht nach der Summe der erhaltenen Werte sortiert werden. Scoring kann als Informationssicht als Ausgabe-Transformation interpretiert werden, da die Teilnehmer bei der Explikation ihres Bewertungsurteils auf numerische Werte beschränkt werden.
- Kommentare: Durch Kommentare können die Teilnehmer ihre Ideenbewertung in Form von Freitexten formulieren. Im Vergleich zum Scoring können hier differenziertere Urteile abgegeben werden, die Auswertung ist allerdings deutlich zeitintensiver und die automatische Auswertung ist erheblich erschwert.

Aus der durch die Analyse der Kreativitätstechniken (bzw. der durch sie vorgegebenen Kreativitätsprozesse) gewonnenen Funktionsmuster ergibt sich ein klareres Bild über geeignete Unterstützungsmöglichkeiten der divergenten und konvergenten Phasen des Kreativitätsprozesses. In der divergenten Phase kann, zusätzlich zur Bereitstellung der obligatorischen Problemstellung, eine Beeinflussung des kognitiven Prozesses durch Stimuli und bereits erzeugte Ideen erfolgen. Der Output des kognitiven Prozesses kann durch Anonymisierung, Zeitlimits, Vorgaben der Ideenrepräsentation sowie Beschränkung der Ideenanzahl beeinflusst werden (vgl. Abbildung 4.4).

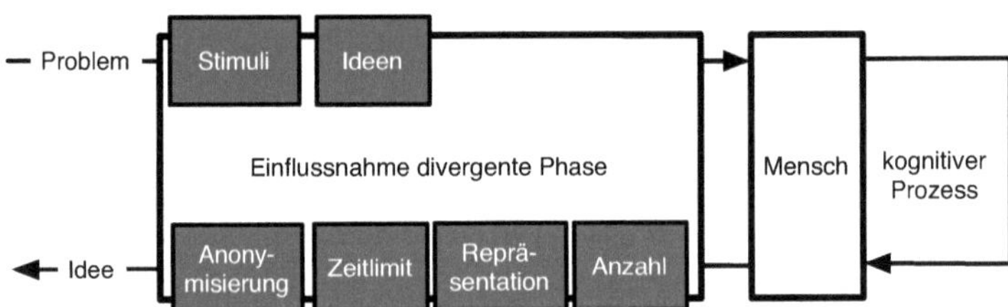

Abbildung 4.4: Unterstützung der divergenten Phase.

In der konvergenten Phase kann der kognitive Bewertungsprozess, für den zumindest eine Problemstellung sowie eine Idee benötigt wird, durch Hinzufügen von Kriterien und Szenarien beeinflusst werden. Bei der Explizierung kann das Ergebnis durch Anonymisierung, Zeitlimits, sowie durch Erlauben von Scoring und Kommentaren beeinflusst werden (vgl. Abbildung 4.5).

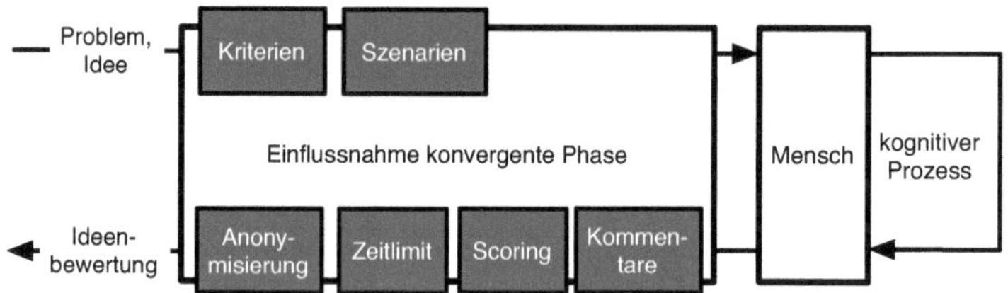

Abbildung 4.5: Unterstützung der konvergenten Phase.

Kombinationsarten

Ein wichtiges Ergebnis der Analyse der psychologischen Prozessmodelle war die Feststellung, dass komplexe Kreativitätsprozesse als Kombination von elementaren Kreativitätsprozessen verstanden werden können. Dies wirft die abschließende Frage auf, welche Arten von Kombinationen ein einheitliches Prozessmodell berücksichtigen muss. Auch hier liefert die Analyse der Kreativitätstechniken wertvolle Anhaltspunkte. Bei der Analyse der oben angegebenen Kreativitätstechniken wurden drei Kombinationsarten festgestellt:

- Sequentielle Kombination: Elementare Kreativitätsprozesse werden nacheinander ausgeführt. Die Ergebnisse eines vorhergehenden elementaren Prozesses fließen dabei in drei unterschiedlichen Funktionen in nachfolgende Kreativitätsprozesse ein: Zunächst können sie als geistige Stimuli verwendet werden, wie es beispielsweise bei der Reizwortmethode der Fall ist. Desweiteren können sie direkt als Ideen verwendet werden, z.B. wenn der vorhergehende Prozess ein abstraktere Form des Problems des nachfolgenden Prozesses zum Thema hatte. Als drittes kann sich das Ergebnis eines vorhergehenden Prozesses auf die Problemdefinition des nachfolgendes Prozesses auswirken. Die sequentielle Kombination fand sich bereits bei den psychologischen Modellen im vorhergehenden Abschnitt.
- Verschachtelte Kombination: Die verschachtelte Kombination stellt eigentlich einen Spezialfall der sequentiellen Kombination dar. Dabei wird für jede einzelne Idee, die am Ende eines vorhergehenden Kreativitätsprozesses steht, ein nachfolgender Prozess erzeugt. Auch hier fließt das Ergebnis wieder als mentaler Stimulus, direkt als Idee oder aber in die Problemdefinition ein. Diese Art der Kombination findet sich zum Beispiel bei der morphologischen Analyse, wo die Teilnehmer zunächst mögliche Komponenten einer Lösung identifizieren und dann für jede der Komponenten in

Unterprozessen mögliche Lösungsausprägungen finden sollen. Bei der verschachtelten Kombination beschränken sich die Teilnehmer meistens auf relativ wenig Ideen im vorangehenden Prozess, da ansonsten eine zu große Zahl an Folgeprozessen zu absolvieren ist.

- Parallele Kombination: Bei der parallelen Kombination werden Kreativitätsprozesse zeitgleich durchgeführt. Dies wird durch eine Aufteilung der teilnehmenden Personen erreicht. Bei n Teilnehmern können natürlich maximal n parallele Prozesse durchgeführt werden. Als Beispiel für die parallele Kombination sei das Brainwriting 6-3-5 genannt. Hier kommt die parallele Kombination gleich zweimal zum Einsatz: Zuerst werden die Teilnehmer in Gruppen à 6 Personen aufgeteilt, im Anschluss jede 6er-Gruppe in parallele Gruppen mit je nur einem Teilnehmer. Jede dieser Ein-Personen-Gruppen führt dann jeweils 5 Minuten ein Brainwriting durch. Nach Ablauf dieser Periode werden die Ergebnisse der Teilnehmer im Uhrzeigersinn weitergereicht, und sollen dann in den folgenden Schritten von den Teilnehmern weiter verbessert werden.

Zusammenfassend hat die Analyse ergeben, dass ein kreativer Prozess als eine Abfolge zweier Typen von kognitiven Prozessen verstanden werden kann, die als divergente und. konvergente Phasen bezeichnet werden. Die Abfolge einer divergenten und konvergenten Phase im Kontext einer Problemstellung stellt einen elementaren Kreativitätsprozess dar. Durch Kombination mehrerer elementarer Kreativitätsprozesse können komplexe Kreativitätsprozesse modelliert werden, wobei hier drei unterschiedliche Kombinationsarten (sequentiell, parallel und verschachtelt) spezifiziert wurden. Das Prinzip entspricht dem Verständnis der kognitiven und deskriptiven psychologischen Kreativitätsprozessmodellen.

Durch die Analyse von Kreativitätstechniken konnten Funktionsmuster identifiziert werden, die Rückschlüsse auf konkrete Unterstützungsmöglichkeiten innerhalb der divergenten und konvergenten Phase erlauben. Die auf den ersten Blick sehr heterogen wirkenden Kreativitätstechniken konnten dabei auf zehn verschiedene Funktionsmuster zurückgeführt werden, die wiederum konsistent in das rahmenbildende Phasenmodell eingepasst werden können.

Das hier vorgestellte einheitliche Prozessmodell erhebt ausdrücklich nicht den Anspruch, die wesentlichen Elemente *aller überhaupt denkbaren* Kreativitätstechniken abzubilden. Eine Vollständigkeit des Modells ist - angesichts der offenen Definition des Begriffs Kreativitätstechnik - wohl kaum möglich. Mit dem Modell lassen sich aber sicher alle im Rahmen der Analyse betrachteten Kreativitätstechniken abbilden sowie Kombinationen dieser Techniken. Darüber hinaus ist die Tatsache, dass bei der Analyse der Techniken eine relativ kleine Menge an wiederkehrenden Funktionsmustern gefunden wurde, ein Hinweis darauf, dass potenziell auch nicht untersuchte oder auch bisher noch nicht beschriebene Techniken als Kombination der Funktionsmuster abgebildet werden könnten.

4.2 Prozessformalisierung

Im vorherigen Abschnitt wurden unterschiedliche Kreativitätsprozessmodelle sowie auf Kreativitätstechniken basierende Prozesse ausführlich analysiert und wesentliche Elemente identifiziert. Auf dieser Basis soll nun ein formales Prozessmodell beschrieben werden. Dabei wird nach einem Bottom-Up-Ansatz vorgegangen. Zunächst werden die für die Prozessmodellierung notwendigen Entitätstypen (Probleme, Personen, Ideen) beschrieben. Dann werden die (divergenten und konvergenten) Prozessphasen betrachtet. Im Anschluss werden die aus den Prozessphasen bestehenden elementaren Kreativitätsprozesse sowie die aus elementaren Prozessen aufgebauten komplexen Kreativitätsprozesse spezifiziert. Als Letztes wird eine Modellierung für Prozessschablonen vorgestellt, womit sich auch Kreativitätstechniken selbst - in Abgrenzung zu den von Kreativitätstechniken induzierten Prozessen - repräsentieren lassen. Die formale Repräsentation der Prozesselemente ist an UML-Klassendiagramme angelehnt, da dies eine Implementierung des Prozessmodells mit den gängigen objektorientierten Sprachen erleichtert.

Um den kreativen Prozess formalisieren zu können, sind zunächst einige Entitätstypen zu definieren, die zwar nicht den eigentlichen Prozess im Sinne einer Aktivitätenfolge beschreiben, jedoch die Grundlage für die Beschreibung der Prozesse darstellen, weil sie notwendige Voraussetzungen für den Prozess oder dessen Ergebnis abbilden. Da für das Verständnis des Prozessmodells eine detaillierte Spezifikation dieser Entitätstypen nicht notwendig ist, werden an dieser Stelle exemplarisch sehr einfache Modellierungen vorgestellt. Für den Einsatz in einem CSS müssen die Entitätstypen allerdings umfassender abgebildet werden. Folglich werden die Entitätstypen in Kapitel 5 wieder aufgegriffen und dort weiter diskutiert.

Folgende drei Entitätstypen werden benötigt:

- `Problem`: Ein Problem ist eine notwendige Voraussetzung, um einen Kreativitätsprozess beginnen zu können. Eine naheliegende einfache Formalisierung für Problemobjekte ist die Problembeschreibung als Zeichenkette (`String`).
- `Person`: Eine Person, die an einem kreativen Prozess teilnimmt. Häufig sind an einem Kreativitätsprozess mehrere Personen gleichzeitig beteiligt. Die Personen generieren oder bewerten `Ideen`, die Lösungen zu einem gegebenen `Problem` darstellen. Eine

simple Formalisierung für eine Person ist der Name der Person als Zeichenkette (`String`).

- `Idea`: Das Ergebnis eines Kreativitätsprozesses ist eine Menge von Ideen. Zur Repräsentation von Ideen sind eine Vielzahl von Formalisierungen denkbar. Welche Repräsentation geeignet ist, hängt nicht zuletzt von der geplanten Einsatzdomäne ab. Werden z.B. vorrangig Designfragen geklärt, muss das Modell graphische Elemente stärker betonen als wenn mehrheitlich abstrakte Probleme gelöst werden sollen. Im Weiteren soll für das Ideenmodell angenommen werden, dass es zumindest drei verschiedene Repräsentationsarten unterstützt: textuell, als Bild oder als Skizze / Zeichnung. Dies genügt den Anforderungen der im vorherigen Abschnitt beschriebenen Kreativitätstechniken und ist daher ausreichend allgemein für die Verwendung im einheitlichen Prozessmodell. Die Scoring-Bewertungen der Ideen können als Tripel (`Idea`, `Person`, `Integer`), Bewertungen in Form von Kommentaren als Tripel (`Idea`, `Person`, `String`) formalisiert werden und als Mengen dieser Tripel an die Idee angehängt werden. Die Zuordnung von Ideen zu Problemen erfolgt über die im Folgenden beschriebenen Prozessphasen.

Auf der Basis dieser Definitionen können nun die Phasen des Kreativitätsprozesses formalisiert werden.

4.2.1 Prozessphasen

Die Prozessanalyse hat ergeben, dass ein Kreativitätsprozess aus der Abfolge divergenter und konvergenter Prozessphasen dargestellt werden kann. Die Phasen sollen wie bereits erwähnt durch Klassen repräsentiert werden, da dies eine direkte Nutzung für eine CSS-Implementierung ermöglicht. Die aus der Untersuchung von kreativitätstechnikbasierten Prozessen gewonnenen Funktionsmuster werden durch Attribute der Klassen formalisiert. Da die Phasen gewisse gemeinsame, aber auch exklusive Funktionsmuster haben, bietet es sich an, eine beiden Phasen gemeinsame Basisklasse zu definieren, der die gemeinsamen Attribute zugeordnet sind.

Basisklasse für Prozessphasen

Die Phasen haben folgende gemeinsame Attribute, die in einer Basisklasse `ProcessPhase` zusammengefasst werden:

- `problem : Problem`. Das Problem, das in der Prozessphase behandelt wird.

- `participants : Set(Person)`. Die Personen, die an der Prozessphase teilnehmen.
- `ideas : Set(Idea)`. Die bisher generierten Ideen (und ggf. deren Bewertungen) zum Problem `problem`. Die Menge kann zu Beginn eines Prozesses leer sein, kann aber auch mit Ergebnissen aus vorherigen Prozessen besetzt sein, was dem "Ideen"-Funktionsmuster entspricht.
- `timelimit : Integer`. Die momentan für diese Phase noch verfügbare Zeit in Sekunden oder `null`, wenn die Phase kein Zeitlimit hat.
- `anonymous : Boolean`. Legt fest, ob die Teilnehmer in dieser Phase anonym sein sollen.

Klasse für divergente Phasen

Zur Modellierung von divergenten Phasen in der Klasse `DivergentPhase` werden zusätzlich zu den Attributen der Basisklasse folgende Attribute benötigt:

- `stimuli : Set(Stimulus)`. Eine Menge an geistigen Stimuli (`Stimulus`), die den Benutzern während der Phase dargestellt werden sollen. Bezüglich der Repräsentierung der Objekte vom Typ `Stimulus` gelten ähnliche Überlegungen wie zur Repräsentierung von Ideen, da auch hier eine Vielzahl von Darstellungs- und damit Repräsentierungs-optionen denkbar sind. Da es insbesondere notwendig ist, Ideen einer Prozessphase als Stimuli einer folgenden Phase interpretieren zu können, liegt der Ansatz nahe, für Stimuli die gleiche Repräsentationsform wie für Ideen zu wählen.
- `maxIdeas : Integer`. Beschränkt die Anzahl der maximal in der Phase generierbaren Ideen. Hat den Wert `null`, wenn es keine Beschränkung gibt.
- `allowSketch : Boolean`. Legt fest, ob Ideen in der Phase mit Hilfe von Zeichnungen ausgedrückt werden können.
- `allowText : Boolean`. Legt fest, ob Ideen in der Phase textuell ausgedrückt werden können.
- `allowImage : Boolean`. Legt fest, ob Ideen in der Phase mit Hilfe von Bildern ausgedrückt werden können.

Klasse für konvergente Phasen

Zur Modellierung von konvergenten Phasen in der Klasse `ConvergentPhase` werden zusätzlich zu den Attributen der Basisklasse folgende Attribute benötigt:

- `criterion : Criterion`. Ein Kriterium, nach dem die Ideen in dieser Phase bewertet werden sollen, z.B. "Umsetzbarkeit" oder "Neuheit". In einer Phase wird also maximal ein Kriterium bewertet. Ein `null`-Wert bedeutet, dass bei der Bewertung nicht auf ein spezielles Kriterium abgezielt wird. Zur Repräsentation von `Criterion`-Objekten sind beispielsweise Zeichenketten (`String`) geeignet, in denen auch eine Umschreibung des Kriteriums einbezogen werden kann. Da die Interpretation der Kriterien im Kreativitätsprozess jeweils durch die teilnehmenden Personen (und nicht durch das Informationssystem) geschieht, ist eine komplexere, semantisch reichhaltigere Modellierung nicht notwendig.
- `scenario : Scenario`. Ein Szenario, in dessen Kontext die Ideen in dieser Phase bewertet werden sollen, z.B. "Die wirtschaftliche Lage verbessert sich." oder "Die Konkurrenz bringt ihr Produkt ein Quartal früher auf den Markt.". In einer Phase wird also maximal ein Szenario bewertet, ggf. zusammen mit einem Kriterium. Ein `null`-Wert bedeutet, dass bei der Bewertung kein spezielles Szenario berücksichtigt werden soll. Zur Repräsentation von `Scenario`-Objekten sind - der gleichen Argumentation wie bei den Kriterien folgend - ebenfalls Zeichenketten (`String`) geeignet.
- `allowComments : Boolean`. Legt fest, ob Ideen in der Phase kommentiert werden können. Leitet sich aus dem Funktionsmuster "Kommentare" ab.
- `allowScoring : Boolean`. Legt fest, ob Ideen in der Phase durch Zuordnung von Zahlenwerten bewerten werden können.
- `maxScore : Integer`. Wenn Scoring für die Phase erlaubt wird, kann über dieses Attribut festgelegt werden, wie viele Scoringstufen zur Verfügung stehen (von 0 bis `maxScore`).

In Abbildung 4.6 wird die oben beschriebene Formalisierung der Prozessphasen als UML-Klassendiagramm dargestellt. Tabelle 4.1 visualisiert die Zusammenhänge zwischen den Modellattributen und den Funktionsmustern der Prozessanalyse.

4.2.2 Prozesse

Kreativitätsprozesse können als spezielle Abfolgen von divergenten und konvergenten Phasen aufgefasst werden. Dabei wird zwischen elementaren und komplexen Kreativitätsprozessen unterschieden. Letztere entstehen durch die (ggf. auch rekursive) Kombination von elementaren Kreativitätsprozessen. Für diese Kombination wurden drei verschiedene Arten beschrieben (sequentiell, verschachtelt und parallel). Nachdem im vorherigen Abschnitt die Prozessphasen modelliert wurden, geht es nun also darum, die Abfolgen dieser Phasen zu formalisieren. Dazu wurden wieder gemeinsame Attribute in eine Basisklasse übernommen.

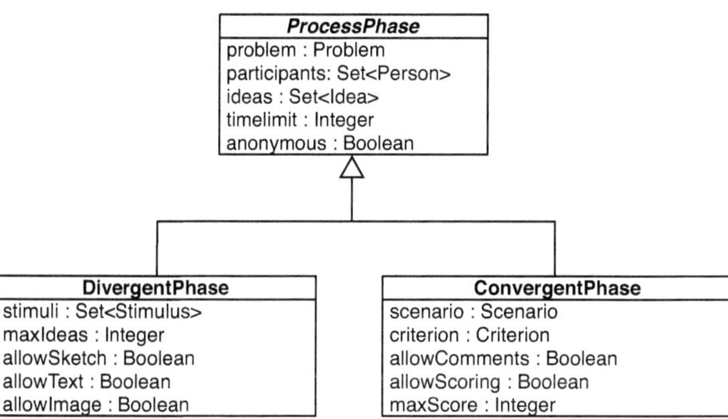

Abbildung 4.6: Formalisierung der Prozessphasen.

Basisklasse für Prozesse

Analog zu den Prozessphasen müssen auch den Prozessen ein Problem (Attribut `problem` vom Typ `Problem`) sowie Personen, die am Prozess teilnehmen (Attribut `participants` vom Typ `Set(Person)` zugeordnet sein. Diese Attribute werden in der Klasse `CreativeProcess` definiert, die den anderen Prozessklassen als Basisklasse dient.

Klasse für elementare Kreativitätsprozesse

In einem elementaren Kreativitätsprozess werden von den Teilnehmern für ein gegebenes Problem zunächst nur Lösungen gesucht (divergenter Teil) und dann bewertet (konvergenter Teil). Im einfachsten Fall wird genau eine divergente Phase und eine konvergente Phase nacheinander durchgeführt, es können aber auch hier (sequentielle und parallele) Phasenkombinationen auftreten. Entscheidend ist, dass die divergenten und konvergenten Phasen nicht miteinander vermischt werden dürfen. Um die gültigen Fälle zu formalisieren, werden zunächst die Elemente divergenter Prozess bzw. konvergenter Prozess eingeführt.

Ein divergenter Prozess ist entweder ein elementarer divergenter Prozess (`DivergentProcessBasic`), eine sequentielle Kombination von divergenten Prozessen (`DivergentProcessCompSeq`) oder eine parallele Kombination von divergenten Prozessen (`DivergentProcessCompPar`) Einem elementaren divergenten Prozess ist genau eine divergente Prozessphase zugeordnet (Attribut `processPhase` vom typ `DivergentPhase`). Darüber hinaus

Tabelle 4.1: Zusammenhang zwischen Modellattributen und Funktionsmustern.

Klasse	Attribut	Funktionsmuster
ProcessPhase	timelimit	Zeitlimit
ProcessPhase	anonymous	Anonymisierung
DivergentPhase	stimuli	Stimuli
DivergentPhase	maxIdeas	Einschränkung der Ideenanzahl
DivergentPhase	allowSketch	Einschränkung der Ideenrepräsentation
DivergentPhase	allowText	Einschränkung der Ideenrepräsentation
DivergentPhase	allowImage	Einschränkung der Ideenrepräsentation
ConvergentPhase	criterion	Kriterien
ConvergentPhase	scenario	Szenarien
ConvergentPhase	allowComments	Kommentare
ConvergentPhase	allowScoring	Scoring
ConvergentPhase	maxScore	Scoring

hat die Klasse folgende Attribute:

- `startIdeaProcess : CreativeProcess`. Wenn das Attribut gesetzt ist, fließen die Ergebnisse dieses Prozesses als Ideen in die zugeordnete divergente Prozessphase ein. Die Prozessphase kann also erst gestartet werden, wenn der `startIdeaProcess` absolviert wurde.
- `stimuliProcess : CreativeProcess`. Wenn das Attribut gesetzt ist, fließen die Ergebnisse dieses Prozesses als Stimuli in die zugeordnete divergente Prozessphase ein. Die Prozessphase kann also erst gestartet werden, wenn der `stimuliProcess` absolviert wurde. Aus der Prozessanalyse lässt sich für den Fall, dass sowohl ein `startIdeaProcess` als auch ein `stimuliProcess` definiert sind, keine Präferenz in Bezug auf die Ablaufreihenfolge ableiten. Es kann dann also eine beliebige Sequentialisierung stattfinden, es ist nur sicherzustellen, dass beide durch die Attribute referenzierten Prozesse beendet sind, bevor die zugeordnete divergente Prozessphase beginnt.
- `fixedStartIdeas : Set(Ideas)`. Diese Ideen fließen immer unmittelbar als Ideen in die zugeordnete divergente Prozessphase ein. Das Attribut kann auch auf `null` gesetzt sein.
- `fixedStimuli : Set(Stimuli)`. Diese Stimuli fließen immer unmittelbar als geistige Stimuli in die zugeordnete divergente Prozessphase ein. Das Attribut kann auch auf `null` gesetzt sein.

Die Klasse `DivergentProcessCompSeq` formalisiert die sequentielle Kombination von divergenten Prozessen durch das Attribut `proc-esses` vom Typ `List(DivergentProcess)`.

Sie repräsentiert eine (die Reihenfolge bewahrende) Liste von divergenten Prozessen. Bei der sequentiellen Kombination absolvieren die Teilnehmer des Prozesses die divergenten Prozesse der Liste gemeinsam der Reihe nach. Die Klasse `DivergentProcessCompPar` formalisiert die parallele Kombination von divergenten Prozessen durch das Attribut `processes` vom Typ `Set(DivergentProcess)`. Es repräsentiert eine Menge von divergenten Prozessen. Die parallele Kombination ist als Aufteilung der teilnehmenden Personen auf mehrere Gruppen zu verstehen. Jeder Teilnehmer wird dabei genau einem Prozess der Menge zugeordnet. Abbildung 4.7 zeigt die Zusammenhänge als UML-Klassendiagramm.

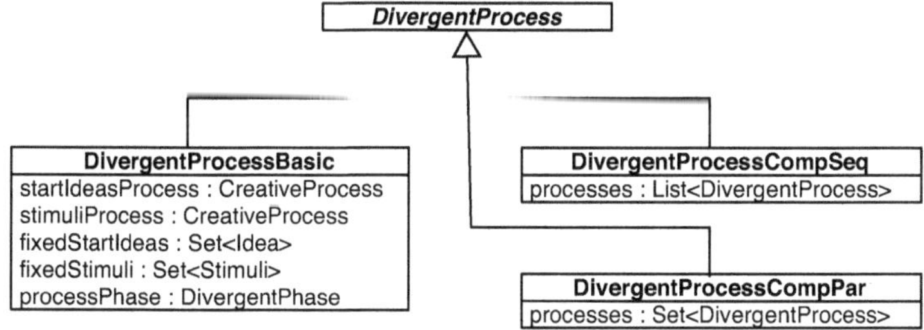

Abbildung 4.7: Formalisierung der divergenten Prozesse.

Analog dazu ist ein konvergenter Prozess entweder ein elementarer konvergenter Prozess (`ConvergentProcessBasic`), eine sequentielle Kombination von konvergenten Prozessen (`ConvergentProcessCompSeq`) oder eine parallele Kombination von konvergenten Prozessen (`ConvergentProcessCompSeq`).

Ein elementarer konvergenter Prozess hat folgende Attribute:

- `scenarioProcess : CreativeProcess`. Wenn das Attribut gesetzt ist, dienen die Ergebnisse dieses Prozesses als Szenarien für die Bewertung in den divergenten Prozessphasen. Die Prozessphasen können also erst gestartet werden, wenn der `scenarioProcess` absolviert wurde.
- `criteriaProcess : CreativeProcess`. Wenn das Attribut gesetzt ist, dienen die Ergebnisse dieses Prozesses als Kriterien für die Bewertung in den divergenten Prozessphasen. Die Prozessphasen können also erst gestartet werden, wenn der `criteriaProcess` absolviert wurde. Aus der Prozessanalyse lässt sich für den Fall, dass sowohl ein `scenarioProcess` als auch ein `criteriaProcess` definiert sind, keine Präferenz in Bezug auf die Ablaufreihenfolge ableiten. Es kann dann also eine beliebige Sequentialisierung stattfinden, es ist nur sicherzustellen, dass beide durch die Attribute re-

ferenzierten Prozesse beendet sind, bevor die zugeordnete konvergente Prozessphase beginnt.

- `fixedScenarios : Set(Scenario)`. Diese Szenarien werden direkt als Szenarien für die Bewertung in den divergenten Prozessphasen verwendet.
- `fixedCriteria : Set(Criteria)`. Diese Kriterien werden direkt als Bewertungskriterien in den divergenten Prozessphasen verwendet.
- `processPhases : List(ConvergentPhase)`. Die Liste der diesem konvergenten Prozess zugeordneten konvergenten Phasen. Dadurch, dass in einem konvergenten Prozess die Ideen gegebenenfalls in Hinblick auf verschiedenen Szenarien und Kriterien bewertet werden müssen, wird hier eine Liste von Phasen benötigt. Bezeichnet S_p die Anzahl der Ergebnisse des durch den in `scenarioProcess` definierten Prozesses, C_p die Anzahl der Ergebnisse des durch den in `criteriaProcess` definierten Prozesses, $S_f = |fixedScenario|$ und schließlich $C_f = |fixedCriteria|$, dann gilt für die Anzahl der durchzuführenden konvergenten Phasen $|processPhases| = (S_p + S_f) * (C_p + C_f)$.

Die Klassen `ConvergentProcessCompSeq` und `ConvergentProcessCompPar` dienen der Modellierung der sequentiellen bzw. parallelen Kombination der konvergenten Phasen. Abbildung 4.8 zeigt die Zusammenhänge als UML-Klassendiagramm.

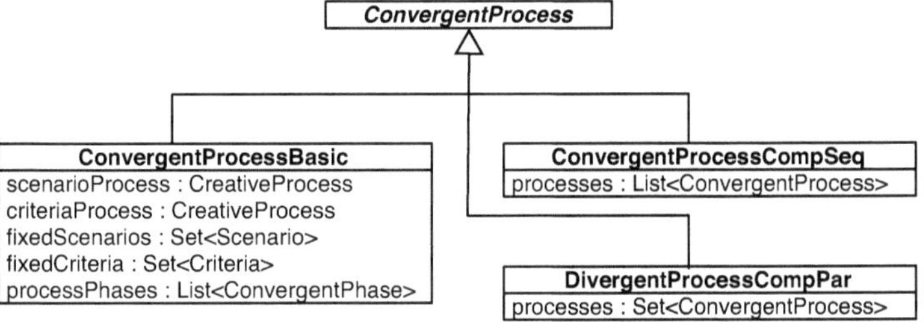

Abbildung 4.8: Formalisierung der konvergenten Prozesse.

Auf Basis der Definition von divergenten und konvergenten Prozessen kann nun direkt ein elementarer Kreativitätsprozess formalisiert werden. Ein elementarer Kreativitätsprozess `CreativeProcessBasic` wird durch zwei Attribute repräsentiert:

- `divergent : DivergentProcess`. Der divergente Prozess, der diesem elementaren Kreativitätsprozess zugeordnet ist.
- `convergent : ConvergentProcess`. Der konvergente Prozess, der diesem elementaren Kreativitätsprozess zugeordnet ist. Bei der Prozessdurchführung kann der kon-

vergente Prozess erst berücksichtigt werden, wenn der divergente Prozess absolviert wurde.

Elementare Kreativitätsprozesse können auf drei verschiedene Arten zu komplexen Kreativitätsprozessen kombiniert werden. Für jede dieser Möglichkeiten wird im Folgenden eine geeignete Repräsentation angegeben.

Klasse für die sequentielle Kombination von Kreativitätsprozessen

Die sequentielle Kombination von Kreativitätsprozessen wird durch die Klasse `CreativeProcessCompSeq` formalisiert. Darin ist das Attribut `processes` als (geordnete) Liste von Objekten des Typs `CreativeProcess` definiert. Die Elemente der Liste entsprechen den sequentiell abzuarbeitenden Kreativitätsprozessen.

Klasse für die verschachtelte Kombination von Kreativitätsprozessen

Bei der verschachtelten Kombination wird für jedes Ergebnis eines vorhergehenden Prozesses jeweils ein nachfolgender Kreativitätsprozess (sequentiell) durchgeführt. Da die verschachtelte Kombination einen Spezialfall der sequentiellen Kombination darstellt, soll dies auch in der Formalisierung Berücksichtigung finden. Die Klasse zur Formalisierung der verschachtelten Kombination `CreativeProcessCompNested` ist somit als Unterklasse der sequentiellen Kombination `CreativeProcessCompSeq` definiert. Darüber hinaus benötigt sie das Attribut `primaryProcess`, das den Ausgangsprozess referenziert, dessen Ergebnisse zu den nachfolgenden Prozessen führen. Dieser muss als erstes absolviert werden, bevor die Nachfolgeprozesse durchgeführt werden können. Die sequentiell abzuarbeitenden Nachfolgeprozesse können dann mit dem Attribut `processes` der Basisklasse abgebildet werden.

Klasse für die parallele Kombination von Kreativitätsprozessen

Die parallele Kombination von Kreativitätsprozessen wird durch die Klasse `CreativeProcessCompPar` formalisiert. Das Attribut `processes` ist als Menge von Objekten des Typs `CreativeProcess` definiert. Die Elemente der Menge entsprechen den parallel ablaufenden Kreativitätsprozessen.

Abbildung 4.9 visualisiert die Formalisierung der Kreativitätsprozesse als UML-Klassendiagramm.

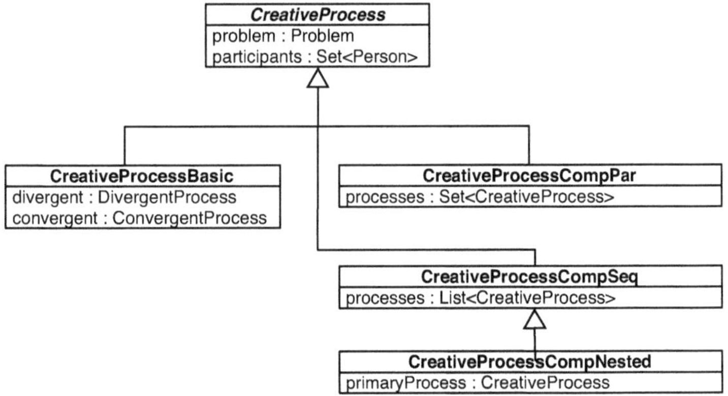

Abbildung 4.9: Formalisierung der Kreativitätsprozesse.

Beispiel: Morphologische Analyse

Abschließend soll das hier vorgestellte Modell für Kreativitätsprozesse an einem Beispiel Verwendung finden. Dazu wird exemplarisch ein Kreativitätsprozess, der gemäß der Kreativitätstechnik "Morphologische Analyse" durchgeführt wird, mit dem Modell abgebildet. Herrmann und Huber beschreiben die morphologische Analyse, die auch als morphologischer Kasten bezeichnet wird, folgendermaßen (vgl. [HH08, S. 151]):

1. Das Problem wird umschrieben und bildet die Überschrift des morphologischen Kastens.
2. Entwicklung von Parametern, sprich Teilproblemen des Gesamtproblems, durch Analyse und gegebenfalls Brainstorming.
3. Erarbeiten der Lösungsalternativen zu den Teilproblemen.
4. Kombinieren einiger Lösungsalternativen der Teilprobleme zu interessanten Lösungsvarianten des Gesamtproblems.

Ein konkreter Kreativitätsprozess, der auf Basis dieser Kreativitätstechnik durchgeführt wird, könnte folgendermaßen aussehen: Eine Möbelfirma möchte einen extravaganten Tisch entwerfen. Zwei Designer sollen sich mit einer morphologischen Analyse Gedanken über das Problem machen. Im ersten Schritt identifizieren sie zwei wesentliche Komponenten einer Lösung für das Problem (also eines Tisches in diesem Fall): die Anzahl der Tischbeine sowie das Material. Für jede der Komponenten werden dann mögliche Ausprägungen gesammelt:

für die Beine sind dies beispielsweise keine, 3, und 4, für das Material käme Gummi, Holz oder Glas in Frage. Am Schluss stellen sie durch Kombination der gesammelten Ausprägungsmöglichkeiten eine Idee für einen Tisch zusammen und kommen auf die Idee, einen Glastisch zu entwickeln, der keine Beine braucht, weil er an der Decke befestigt ist.

Abbildung 4.10 zeigt eine Formalisierung des oben beschriebenen Kreativitätsprozesses mit dem vorgestellten Prozessmodell. Dabei sind Attribute, die nicht gesetzt sind bzw. null-Werte haben nicht aufgeführt, um eine kompaktere Darstellung zu ermöglichen.

Ausgangspunkt ist der elementare Kreativitätsprozess `CreativeProcessBasic` (1) für das Problem "Wie soll der extravagante Tisch aussehen?" mit den zwei Teilnehmern (`U1`, `U2`). Ein elementarer Kreativitätsprozess besteht aus einem divergenten und einem konvergenten Prozess. Beim zu modellierenden Prozess werden keine Angaben über eine Bewertung der Ideen gemacht, also ist auch kein konvergenter Prozess zu berücksichtigen, was einem `null`-Wert beim Attribut `convergent` entspricht. Dieses Attribut ist also, wie alle weiteren Attribute mit `null`-Werten, nicht in die Abbildung aufgenommen.

Als divergenter Prozess ist für den Kreativitätsprozess der elementare divergente Prozess `DivergentProcessBasic` (2) definiert. Dieser elementare divergente Prozess hat einen startIdeaProcess vom Typ `CreativeProcessCompNested` (3) gesetzt, der zuerst absolviert werden muss, bevor die zum divergenten Prozess zugehörige Prozessphase `DivergentPhase` (13) durchgeführt werden kann. Damit wird das Prinzip der morphologischen Analyse abgebildet, zunächst Ausprägungen von Lösungskomponenten zu sammeln und mit diesen dann zum eigentlichen Problem Lösungen zu konstruieren. Das Finden von Ausprägungen wird durch den Kreativitätsprozess (3) abgebildet, dessen Ergebnisse als Startideen in die Prozessphase (13) einfließen.

Bei (3) handelt es sich um einen geschachtelten Kreativitätsprozess. Es wird also zunächst der primäre Prozess `CreativeProcessBasic` (4) mit der Problemstellung "Welche Komponenten hat eine Lösung des Problems?" durchgeführt. Für diesen Kreativitätsprozess ist ein divergenter Prozess `DivergentProcessBasic` (5) definiert, dessen dazugehörige Prozessphase `DivergentPhase` (6) die erste von den Teilnehmern absolvierte Phase darstellt. Die Teilnehmer generieren die Ideen "Tischbeine" und "Material", die im Attribut `ideas` gespeichert werden.

Nach der Beendigung der Prozessphase (5) werden gemäß der verschachtelten Kombination für jede der zwei im primären Kreativitätsprozess (4) gefundenen Ideen jeweils ein weiterer Kreativitätsprozess `CreativeProcessBasic` (7 und 10) sequentiell absolviert. Beiden Prozessen ist wieder nur ein elementarer divergenter Prozess `DivergentProcessBasic`

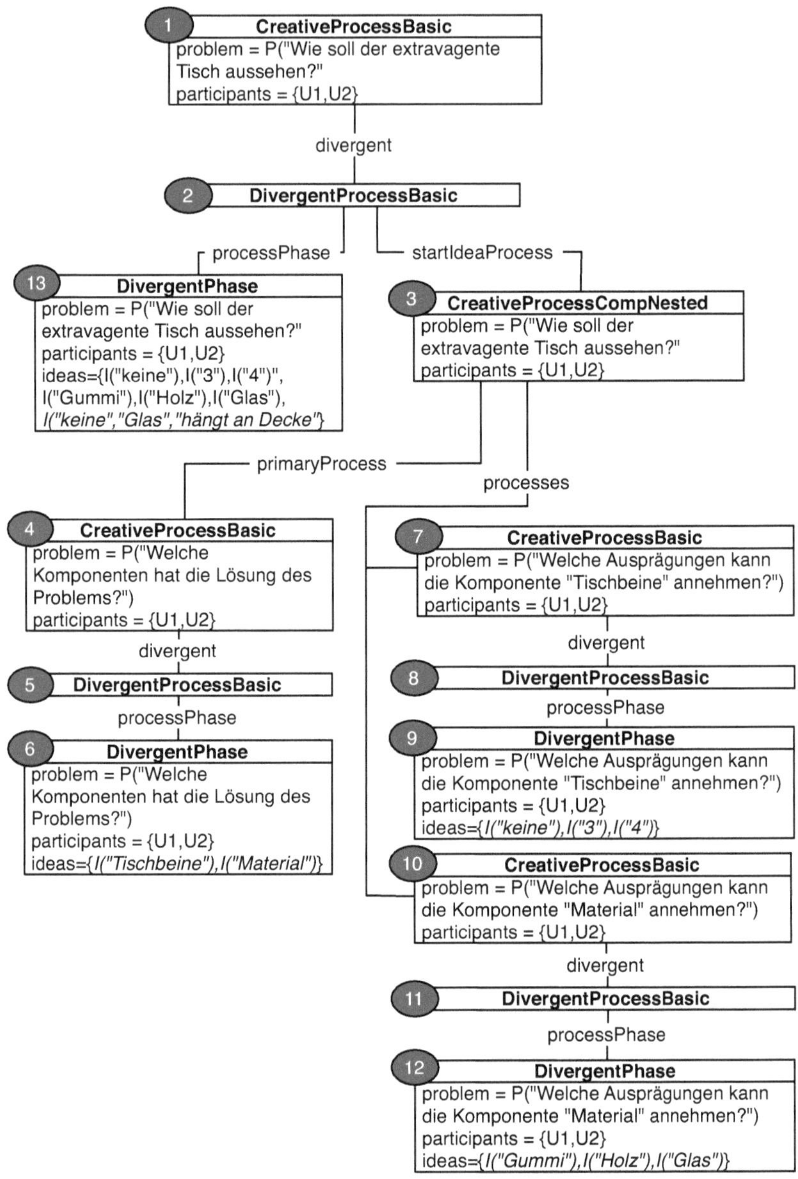

Abbildung 4.10: Beispiel für die Modellierung eines Kreativitätsprozesses auf Basis der morphologischen Analyse.

(8 bzw. 11) mit den dazugehörigen divergenten Phasen `DivergentPhase` (9 bzw. 12) zugeordnet. In den Phasen werden die Ausprägungen zu den Merkmalen gesammelt.

Nach Abschluss der Phase (12) ist auch der Prozess (10) und somit auch der letzte Prozess des geschachtelten Prozesses (3) beendet, der für den divergenten Prozess (2) den `startIdeaProcess` darstellt. Es kann nun also in (2) fortgefahren werden. Die zu (2) gehörende Prozessphase `DivergentPhase` wird mit den Ergebnissen aus (3) initialisiert, indem die Ideen aus den in (3) in `processes` referenzierten Prozessen in das `ideas`-Attribut übernommen werden (nicht-kursiv dargestellt). Im weiteren Verlauf der Phase wird die Idee ("keine", "Glas", "hängt an der Decke") generiert und ebenfalls in `ideas` mit aufgenommen (kursiv dargestellt). Die Ideen aus dem `startIdeaProcess` werden also gleichrangig mit in der Phase neu generierten Ideen behandelt. Abbildung 4.10 repräsentiert also einen Zeitpunkt, in dem die Teilnehmer gerade in der Kombinationsphase der morphologischen Analyse aktiv sind. Die Entscheidung, welche Ideen letztendlich das Ergebnis der Phase - und in diesem Fall auch des gesamten Prozesses - darstellen, liegt ganz in der Hand der Teilnehmer. Sie können bis zum Ende der Phase beliebig weitere Kombinationen kreieren und schließlich auch Ideenfragmente, die für sich alleine nicht als Lösungsidee angesehen werden können, löschen.

4.2.3 Prozessschablonen

In den vorhergehenden Abschnitten wurden Formalisierungen für Prozessphasen und Kreativitätsprozesse vorgestellt. Mit diesen lassen sich konkrete Abläufe von Kreativitätsprozessen abbilden. Im letzten Schritt soll nun ein Formalismus für Prozess*schablonen* beschrieben werden. Eine Prozessschablone ist als eine "Blaupause" für konkrete Kreativitätsprozesse zu verstehen, die bestimmte Vorgaben an diese Kreativitätsprozesse stellt. Prozessschablonen sind daher geeignet, Kreativitätstechniken zu formalisieren, während die bisher vorgestellten Prozesselemente dazu geeignet sind, Kreativitätsprozesse, die auf einer Kreativitätstechnik basieren, zu formalisieren. Die Formalisierung von Prozessschablonen für Kreativitätsprozesse ist die Grundlage für die Entwicklung eines generischen CSS, wie es in Kapitel 5 beschrieben wird, da es dadurch möglich wird, beinahe beliebige Kreativitätstechniken als Schablonen formalisiert in dem System abzulegen und auf deren Grundlage konkrete Kreativitätsprozesse durchzuführen.

Abbildung 4.11 verdeutlicht den Zusammenhang zwischen Prozessschablonen, Prozessen und Prozessphasen. Um einen konkreten Kreativitätsprozess (`CreativeProcess`) durchführen zu können werden demnach drei Parameter benötigt:

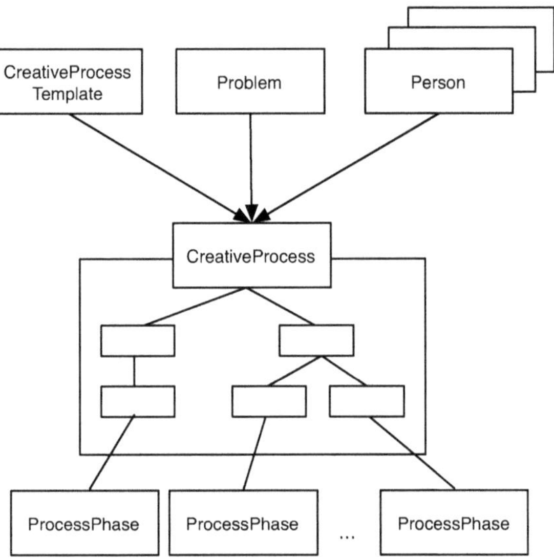

Abbildung 4.11: Zusammenhang zwischen Prozessschablonen, Prozessen und Prozessphasen.

- Eine Prozessschablone (`CreativeProcessTemplate`), die vorgibt, wie der Kreativitätsprozess ablaufen soll ("Wie?").
- Ein Problem (`Problem`), das im Kreativitätsprozess bearbeitet werden soll ("Was?").
- Eine Menge von Teilnehmern (`Person`), die den Prozess absolvieren ("Wer?").

Mit diesen Parametern kann der Kreativitätsprozess instantiiert und der Baum von Prozesselementen sukzessive aufgebaut werden. Der Baum wird dabei immer nur soweit expandiert, bis jedem Benutzer eine aktive Prozessphase zugewiesen ist. Nach Beendigung einer Phase werden die nächsten notwendigen Prozessphasen initiiert (ggf. unter Rückgriff auf die bis zu diesem Zeitpunkt generierten Ergebnisse), bis schließlich der gesamte Prozess abgearbeitet ist. Die Benutzer können also Phase für Phase durch den Prozess geführt werden, wobei die konkrete Prozessausgestaltung (und damit auch die Phasenreihenfolgen) von der verwendeten Prozessschablone vorgegeben wird.

Für die Formalisierung der Prozessschablonen ist es naheliegend, für jedes Element des Kreativitätsprozessmodells eine dazugehörige Schablonenklasse zu definieren, die als Vorlage für das Element dient. So kann sichergestellt werden, dass alle Elemente des Kreativitätsprozesses abgedeckt werden. Dieser Ansatz führt zu einer starken strukturellen Ähnlichkeit zwischen der Formalisierung der Prozessschablonen und der Prozesse.

Basisklasse für Kreativitätsprozessschablonen

Anders als bei den Kreativitätsprozessen sind der Basisklasse der Schablonen `Creative-ProcessTemplate` keine Problemstellungen und keine Teilnehmer zugeordnet. Wie oben beschrieben, werden diese erst bei der Instantiierung eines konkreten Kreativitätsprozesses benötigt. Allerdings kann eine Schablone vorgeben, die im konkreten Fall vorhandene Problemstellung zu modifizieren. Diese Problemredefinition wird im Modell als Zeichenkette (`String`) im Attribut `problemRedefinition` codiert. Die Zeichenkette kann einen Platzhalter enthalten, in der die ursprüngliche Problemdefinition (die ebenfalls als Zeichenkette repräsentiert wird) eingesetzt wird. Im einfachsten Fall besteht die Zeichenkette nur aus diesem Platzhalter (dann wird das Problem nicht redefiniert), die ursprüngliche Definition kann aber auch in zusätzliche Informationen eingebettet oder komplett ausgetauscht werden. Im letzteren Fall ist der Platzhalter nicht Teil der Redefinitions-Zeichenkette. Die Problemdefinition ist wesentlicher Bestandteil bei komplexen Kreativitätsprozessen, die sich aus mehreren elementaren Prozessen zusammensetzen, und wird im Beispiel am Ende des Kapitels wieder aufgegriffen.

Klasse für Schablonen von elementaren Kreativitätsprozessen

Analog zu elementaren Kreativitätsprozessen, die aus einem divergenten und einem konvergenten Prozess bestehen, sind die Schablonen für elementare Kreativitätsprozesse `CreativeProcessBasicTemplate` durch das Attribut `divergent`, das in diesem Fall eine Schablone eines divergenten Prozesses `DivergentProcessTemplate` referenziert und das Attribut `convergent`, das auf eine Schablone eines konvergenten Prozesses verweist, definiert.

Klassen für die Kombination von Kreativitätsprozessschablonen

Für jede der Kombinationsmöglichkeiten für Kreativitätsprozesse (sequentiell, verschachtelt, parallel) gibt es eine entsprechende Schablonenklasse. Die sequentielle Kombination wird durch die Klasse `CreativeProcessCompSeqTemplate` repräsentiert, deren Attribut `templates` auf eine (geordnete) Liste von Prozessschablonen `List(CreativeProcessTemplate)` verweist, die die Vorgaben für die sequentiell abzuarbeitenden Prozesse enthalten. Die Klasse `CreativeProcessCompNestedTemplate` repräsentiert Schablonen für verschachtelte Kombinationen von Kreativitätsprozessen. Während bei den Kreativitätsprozessen die verschachtelte Kombination als Unterklasse der sequentiellen Kombination modelliert wurde, ist dies für Prozessschablonen nicht zutreffend. In diesem Fall sind Attribute für die Schablone des Ausgangsprozesses `primaryProcess` sowie die Schablone für die nachfolgenden Prozesse `secondaryTemplate` ausreichend. Letztere wird bei der Instantiierung für jedes Ergebnis des Ausgangsprozesses genutzt, so dass bei einem konkreten geschachtelten Prozess zwar mehrere Nachfolgeprozesse gespeichert werden müssen, dafür aber dieselbe Schablone verwendet werden kann. Die Klasse zur Formalisierung von Schablonen der parallelen Kombination `CreativeProcessCompParTemplate` benötigt neben dem Attribut `templates`, das auf die Menge der für die Aufteilung zu verwendeten Prozessschablonen `Set(CreativeProcessTemplate)` verweist, die Information, wie die Teilnehmer auf die durch die parallele Kombination entstehenden Gruppen aufgeteilt werden sollen. Dazu dient das Attribut `maxGroupSize`, das vorgibt, wie viele Personen sich jeweils maximal in einer Gruppe befinden sollen. Die Zuordnung konkreter Personen zu den parallel ablaufenden Kreativitätsprozessen erfolgt beim Instantiieren der Prozesse und kann beispielsweise zufällig erfolgen. Es sind hier aber auch komplexere Zuteilungsstrategien denkbar, die z.B. bestimmte Präferenzen in Hinblick auf die Teamzusammensetzung berücksichtigen.

In Abbildung 4.12 werden die zur Formalisierung von Prozessschablonen benötigten Klassen dargestellt.

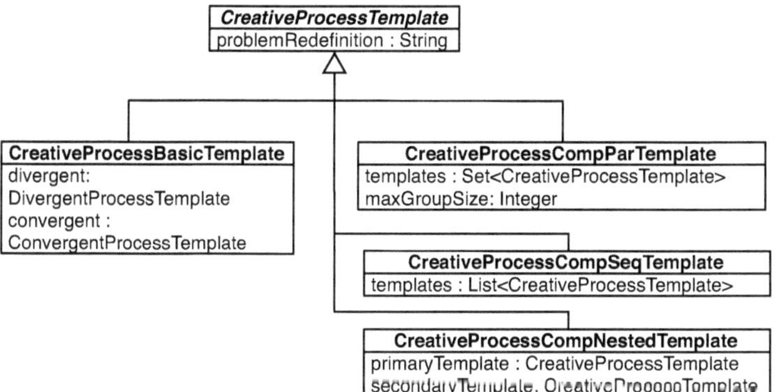

Abbildung 4.12: Formalisierung der Schablonen für Kreativitätsprozesse.

Klassen für Schablonen von divergenten Prozessen

Die Schablonen für divergente Prozesse, die durch Schablonen für elementare Kreativitätsprozesse `CreativeProcessBasicTemplate` im Attribut `divergent` referenziert werden können, sind analog zu den Klassen für divergente Prozesse definiert. Eine Schablone für einen elementaren divergenten Prozess `DivergentProcessBasicTemplate` hat folgende Attribute:

- `startIdeaTemplate : CreativeProcessTemplate`. Wenn das Attribut gesetzt ist, soll in einem konkreten Prozess ein Kreativitätsprozess auf Basis der in `startIdeaTemplate` referenzierten Schablone instantiiert werden. Die Ergebnisse fließen dann bei der Instantiierung der zu dem elementaren divergenten Prozess gehörenden Prozessphase als Ideen ein.
- `stimuliProcessTemplate : CreativeProcessTemplate`. Wenn das Attribut gesetzt ist, soll in einem konkreten Prozess ein Kreativitätsprozess auf Basis der in `stimuliProcessTemplate` referenzierten Schablone instantiiert werden. Die Ergebnisse fließen dann bei der Instantiierung der zu dem elementaren divergenten Prozess gehörenden Prozessphase als Stimuli ein.
- `fixedStartIdeas : Set(Ideas)`. Diese Ideen dienen allen auf Basis dieser Schablone instantiierten Prozessen als Startideen. Das Attribut kann auch auf `null` gesetzt sein.
- `fixedStimuli : Set(Stimuli)` Diese Stimuli dienen allen auf Basis dieser Schablone instantiierten Prozessen als Stimuli. Das Attribut kann auch auf `null` gesetzt

sein.

- `phaseTemplate : DivergentPhaseTemplate`. Verweist auf eine Schablone, die Vorgaben für die zu einem elementaren divergenten Prozess zugehörige divergente Prozessphase macht.

Die Klassen für die sequentielle und parallele Kombination von divergenten Prozessschablonen (`DivergentProcessCompSeqTemplate` bzw. `DivergentProcessCompParTemplate`) entsprechen der bereits erläuterten Modellierung der sequentiellen bzw. parallelen Kombination von Kreativitätsprozessschablonen. In Abbildung 4.13 sind die Klassen gemeinsam dargestellt.

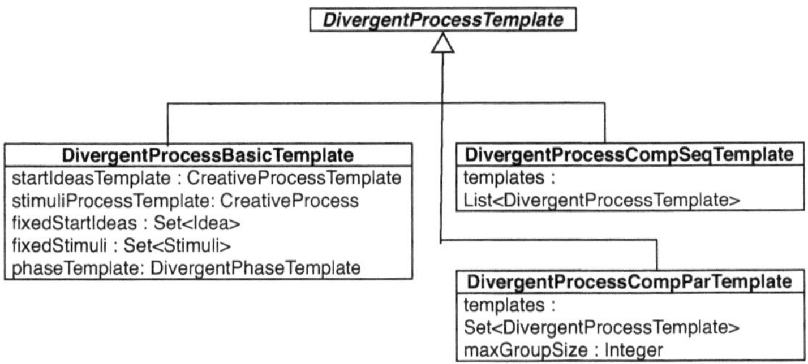

Abbildung 4.13: Formalisierung der Schablonen für divergente Prozesse.

Klassen für Schablonen von konvergenten Prozessen

Die Formalisierung von Schablonen für konvergente Prozesse erfolgt analog zu der Formalisierung der konvergenten Prozesse. Eine Schablone für einen elementaren konvergenten Prozess `ConvergentProcessBasicTemplate` definiert sich durch die folgenden Attribute:

- `scenarioTemplate : CreativeProcessTemplate`. Wenn das Attribut gesetzt ist, soll in einem konkreten Prozess zur Bestimmung von Bewertungsszenarien ein Kreativitätsprozess durchgeführt werden, der auf dem in `scenarioTemplate` referenzierten Schablone basiert.
- `criteriaTemplate : CreativeProcessTemplate`. Wenn das Attribut gesetzt ist, soll in einem konkreten Prozess zur Bestimmung von Bewertungskriterien ein Kreativitätsprozess durchgeführt werden, der auf dem in `criteriaTemplate` referenzierten

Schablone basiert.

- `fixedScenarios : Set(Scenario)`. Diese Szenarien werden in allen auf Basis dieser Schablone instantiierten Prozessen als Bewertungsszenarien verwendet. Das Attribut kann auch auf `null` gesetzt sein.
- `fixedCriteria : Set(Criteria)`. Diese Kriterien werden in allen auf Basis dieser Schablone instantiierten Prozessen als Bewertungskriterien verwendet. Das Attribut kann auch auf `null` gesetzt sein.
- `phaseTemplate : ConvergentPhaseTemplate`. Die referenzierte Schablone wird für alle im Rahmen dieses elementaren konvergenten Prozesses durchzuführenden Bewertungsphasen (also für alle Kombinationen von Szenarien und Kriterien) als Vorlage verwendet.

Die Klassen für die sequentielle und parallele Kombination von konvergenten Prozessschablonen (`ConvergentProcessCompSeqTemplate` bzw. `ConvergentProcessCompParTemplate`) entsprechen der bereits erläuterten Modellierung der sequentiellen bzw. parallelen Kombination von Kreativitätsprozessschablonen. In Abbildung 4.14 sind die Klassen gemeinsam dargestellt.

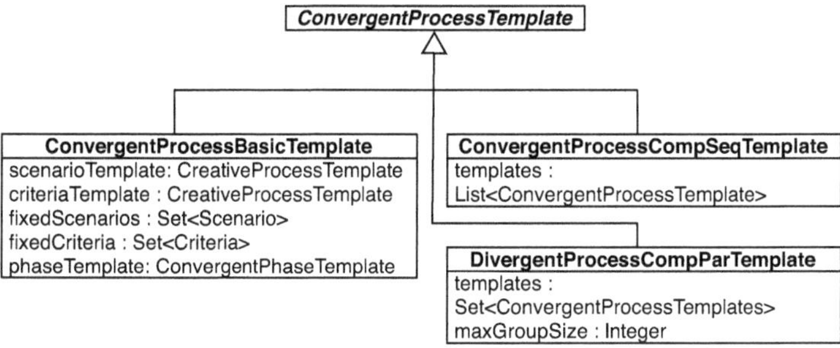

Abbildung 4.14: Formalisierung der Schablonen für konvergente Prozesse.

Klassen für Schablonen von Prozessphasen

Zuletzt müssen noch Formalisierungen für Schablonen von divergenten und konvergenten Prozessphasen gegeben werden. Diese werden von Schablonen für elementare divergente bzw. konvergente Prozesse (`DivergentProcessBasicTemplate` bzw. `ConvergentProcessBasicTemplate`) über das Attribut `phaseTemplate` referenziert und stellen Vorgaben für die in konkreten Kreativitätsprozessen zu instantiierenden Phasen dar. Vorgaben, die auf beide Arten von Prozessphasen zutreffen, werden in einer Basisklasse `ProcessPhaseTemplate` mit den folgenden Attributen zusammengefasst (siehe auch Abbildung 4.15):

- `timelimit: Integer`. Wenn das Attribut gesetzt ist, haben alle auf Basis dieser Schablone instantiierten Prozessphasen ein Zeitlimit von `timelimit` Sekunden.
- `anonymous : Boolean`. Wenn das Attribut gesetzt ist, sind alle auf Basis dieser Schablone instantiierten Prozessphasen anonymisiert.

Die Klasse `DivergentPhaseTemplate` repräsentiert Schablonen für divergente Prozessphasen durch folgende Attribute:

- `maxIdeas: Integer`. Wenn das Attribut gesetzt ist, sind alle auf Basis dieser Schablone instantiierten Prozessphasen auf die angegebene Anzahl von Ideen beschränkt.
- `allowSketch : Boolean`. Das Attribut legt fest, ob in Prozessphasen Ideen durch Zeichnungen ausgedrückt werden können.
- `allowText : Boolean`. Das Attribut legt fest, ob in Prozessphasen Ideen durch Text ausgedrückt werden können.
- `allowImage : Boolean`. Das Attribut legt fest, ob in Prozessphasen Ideen durch Bilder ausgedrückt werden können.

Die Klasse `ConvergentPhaseTemplate` repräsentiert Schablonen für konvergente Prozessphasen durch folgende Attribute:

- `allowComments : Boolean`. Das Attribut legt fest, ob in Prozessphasen Ideen in Form von textuellen Kommentaren bewertet werden dürfen.
- `allowScoring : Boolean`. Das Attribut legt fest, ob in Prozessphasen Ideen durch Zuordnung von Zahlenwerten bewertet werden dürfen.
- `maxScoring : Integer`. Das Attribut legt fest, wie viele Scoringstufen zur Verfügung stehen.

Beispielfortführung: Morphologische Analyse

Die Anwendung der Formalisierung von Prozessschablonen soll wieder ein Beispiel illustrieren. Es bietet sich an, das Beispiel aus dem vorherigen Abschnitt fortzuführen. Dort wurde eine Modellierung eines konkreten, auf der Kreativitätstechnik "Morphologische Analyse" basierenden Kreativitätsprozesses gezeigt. Die Kreativitätstechnik wurde dabei nur in natürlicher Sprache beschrieben. Mit dem Modell der Prozessschablonen lässt sich

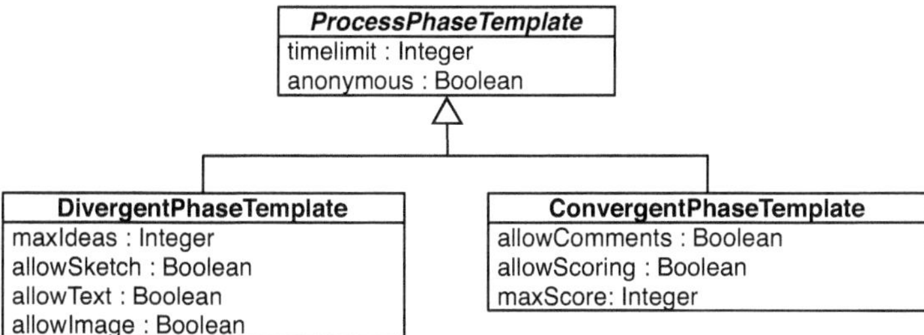

Abbildung 4.15: Formalisierung der Prozessphasenschablonen.

nun auch die Kreativitätstechnik im Sinne einer Vorgabe für konkrete Kreativitätsprozesse formalisieren.

Eine geeignete Formalisierung ist in Abbildung 4.16 zu sehen. Die morphologische Analyse ist zunächst eine Vorgabe für einen Kreativitätsprozess und kann daher durch ein Objekt der Klasse `CreativeProcessBasicTemplate` (1) beschrieben werden. Die morphologische Analyse macht nur Ablaufvorgaben für den divergenten Teil des Kreativitätsprozesses, so dass das Attribut `convergent`, über das Angaben zum konvergenten Teil des Prozesses gemacht werden könnten, nicht gesetzt wird. Die Vorgaben, die die morphologische Analyse hinsichtlich des divergenten Teil des Kreativitätsprozesses macht, werden durch eine Schablone für einen elementaren divergenten Prozess `DivergentProcessBasicTemplate` (2) definiert, die über das Attribut `divergent` referenziert wird. Die zum elementaren divergenten Prozess gehörende divergente Prozessphase wird durch eine Phasenschablone `DivergentPhaseTemplate` (10) im Attribut `phaseTemplate` bestimmt. Da die morphologische Analyse keine Angaben hinsichtlich des Ablaufs innerhalb der divergenten Phasen macht, sind hier - wie auch in den im Weiteren noch benötigten Phasenschablonen - keine speziellen Attribute zu setzen.

Bevor die durch (10) beschriebene divergente Phase absolviert werden kann, soll bei der morphologischen Analyse allerdings zuerst eine Menge von Startideen gesammelt werden. Dies wird durch Setzen des Attributs `startIdeaTemplate` der Schablone (2) ausgedrückt. Das Sammeln der Startideen soll in einem geschachtelten Prozess ablaufen, was durch eine Schablone vom Typ `CreativeProcesssCompNestedTemplate` (3) repräsentiert wird. Beim Ausgangsprozesses sowie den Folgeprozessen dieser Verschachtelung handelt es sich jeweils um Kreativitätsprozesse. Die Vorgaben dazu können also wieder durch Schablonen für Kreativitätsprozesse `CreativeProcessBasicTemplate` (4) bzw. (7) formalisiert werden. Die Schablonen werden von (3) dann über das Attribut `primaryTemplate` bzw.

`secondaryTemplate` referenziert.

Im Ausgangsprozess der Verschachtelung soll allerdings nicht das ursprüngliche Problem thematisiert werden, sondern es sollen Komponenten von Lösungen des Ausgangsproblems identifiziert werden. Es wird also eine Problemredefinition benötigt, die durch eine geeignete Zeichenkette im Attribut `problemRedefinition` der Prozessschablone (4) erreicht wird. Da die morphologische Analyse keine Vorgaben dazu macht, wie die Antworten auf dieses redefinierte Problem gefunden werden sollen, werden für den divergenten Prozess `DivergentProcessBasicTemplate` (5) und die dazugehörige divergente Phase `DivergentPhaseTemplate` (6) keine speziellen Attributwerte gesetzt.

In den Folgeprozessen der Verschachtelung soll es darum gehen, für jedes Ergebnis des Ausgangsprozess einen Kreativitätsprozess zu durchlaufen. Die Ergebnisse des Ausgangsprozesses werden dabei als zu behandelnde Probleme interpretiert. Allerdings ist auch hier wieder eine Problemredefinition nötig, da im Ausgangsprozess nur Komponenten identifiziert wurden, es in den Folgeprozessen aber darum gehen soll, mögliche Ausprägungen für die jeweiligen Komponenten zu finden. Wieder kann die Problemredefinition durch eine geeignete Zeichenkette im Attribut `problemRedefinition` der Prozessschablone (4) erreicht werden, wobei die unmodifizierte Problemdefinition durch den Platzhalter #P bezeichnet sei. Wie schon beim Ausgangsprozess sind auch für die Folgeprozesse keine Vorgaben zur eigentlichen Ideenfindung gegeben, weshalb für den divergenten Prozess `DivergentProcessBasicTemplate` (8) und die dazugehörige divergente Phase `DivergentPhaseTemplate` (9) erneut keine speziellen Attributwerte gesetzt werden.

Mit dem vorgestellten Modell lassen sich alle in der Prozessanalyse genannten Kreativitätstechniken sowie konkrete auf den Techniken basierende Prozessabläufe formalisieren. Insbesondere lassen sich beliebige Technikkombinationen und deren Abläufe modellieren (z.B. Techniken für divergente Prozesse mit solchen, die Vorgaben zu konvergenten Prozessen machen). Dabei stellt das Modell sicher, dass das Grundprinzip der Abfolge von divergenten und konvergenten Prozessen nicht verletzt wird, indem eine ungültige Mischung der Phasentypen im Modell nicht ausgedrückt werden kann.

4.3 Zusammenfassung

Ziel dieses Kapitels war es, ein einheitliches Modell des Kreativitätsprozesses zu entwickeln, das mit den verschiedenen psychologischen Modellen und den Prinzipien von Kreativitätstechniken im Einklang steht. Aufbauend auf die psychologischen Prozessmodelle wurde argumentiert, dass Kreativitätsprozesse elementar als Abfolgen zweier Typen von

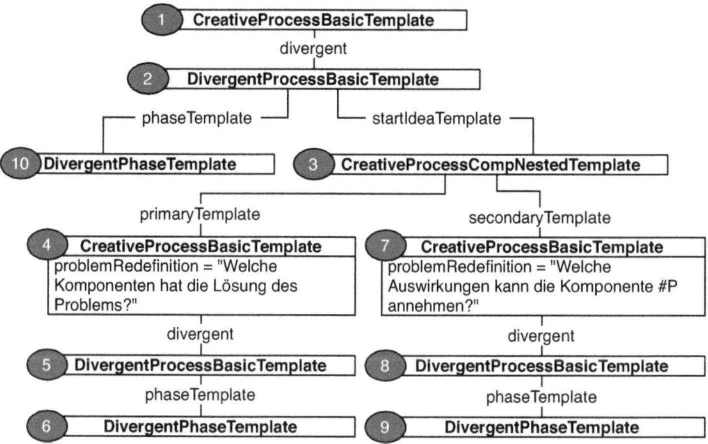

Abbildung 4.16: Beispiel für die Modellierung der morphologischen Analyse.

kognitiven Prozessen (divergent / konvergent) verstanden werden können. Die Suche nach Funktionsmustern von Kreativitätstechniken gab dann Aufschluss darüber, wie Personen in den Phasen des Kreativitätsprozesses konkret unterstützt werden können und zeigte geeignete Kombinationen von elementaren Kreativitätsprozessen zu komplexeren Prozessen auf.

Danach wurde auf Basis dieser Erkenntnisse ein formales Prozessmodell entwickelt, mit dem sowohl konkrete Abläufe von Kreativitätsprozessen beschrieben als auch Vorgaben für Kreativitätsprozesse in Form von Prozessschablonen definiert werden können. Es wurde damit also erstmals ein Formalismus für Kreativitätstechniken und kreative Prozesse vorgeschlagen, der auf der Analyse von psychologischen Modellen sowie einer großen Zahl von Kreativitätstechniken beruht.

Die Formalisierung eines einheitlichen Modell des Kreativitätsprozesses stellt den wesentlichen Baustein einer Architektur für generische Kreativitätsunterstützungssysteme dar. Die Architektur wird nun im folgenden Kapitel erläutert.

5 Architektur eines generischen Kreativitätsunterstützungssystems

In diesem Kapitel wird eine Softwarearchitektur für ein generisches Kreativitätsunterstützungssystem beschrieben. Es ist generisch in dem Sinne, dass sich damit beliebige auf dem im vorherigen Kapitel beschriebenen Modell aufbauende Kreativitätsprozesse strukturiert durchführen lassen. Mit diesem Ansatz kann also dem in Kapitel 2 erwähnten Designprinzip "Struktur und Flexibiliät" stärker entsprochen werden als mit bisherigen Lösungen. Die im Weiteren beschriebene Architektur stützt sich auf das einheitliche Prozessmodell und soll insbesondere verdeutlichen, wie das formale Modell in einem Kreativitätsunterstützungssystem Anwendung finden kann. Darüber hinaus soll die Architektur auch die wichtigsten Designprinzipien für Kreativitätsunterstützungssysteme, wie sie in Abschnitt 3.4 vorgestellt wurden, berücksichtigen.

Bei der Beschreibung der Architektur wird es nicht darum gehen, eine vollständige Softwaresystemspezifikation in allen Einzelheiten darzulegen, sondern vielmehr darum, für den Leser nachvollziehbar zu machen, welche Komponenten eine solche Architektur benötigt, wie diese sinnvoll ausgestaltet werden können und wie die Komponenten in Wechselwirkung zueinander stehen. Trotzdem ist die grundsätzliche Umsetzbarkeit der beschriebenen Architektur in ein konkretes (objektorientiertes) Softwaresystem natürlich eine wesentliche Zielsetzung. Ein "Proof-of-Concept" der Architektur wird im anschließenden Kapitel vorgestellt. Zunächst wird im Folgenden eine Übersicht der Architektur gegeben, in der die wesentlichen Komponenten und ihre Beziehungen zueinander beschrieben werden. Danach werden die Komponenten, die dahinter liegenden Konzepte und deren Modellierung im Einzelnen vorgestellt.

5.1 Übersicht

Eine Architektur eines generischen CSS muss selbstverständlich berücksichtigen, dass es sich bei den zu unterstützenden Kreativitätsprozessen meist um kollaborative Prozesse handelt. In Kapitel 2 wurde bereits dargelegt, dass Systeme zur Unterstützung kollaborativer Kreativitätsprozesse als spezielle CSCW-Systeme verstanden werden können. Der klassische Kommunikationsansatz für CSCW-Systeme ist das Client-Server-Prinzip [BS98][S. 19ff]. Dabei bietet ein Server einer Menge von (meistens im Vorfeld nicht bekannten) Clients bestimmte Dienste an. Es gibt unterschiedliche Möglichkeiten, die Gesamtfunktionalität eines CSCW-Systems zwischen Client und Server zu verteilen. In der hier vorgestellten Architektur übernimmt der Serverteil die wesentlichen Ausführungsaufgaben sowie die Datenhaltung, während der Client für die Präsentation der Daten und die Interaktion mit Benutzern zuständig ist. Durch diese Aufgabentrennung wird das Designprinzip "Austauschbarkeit der Benutzerschnittstellen" berücksichtigt.

Im weiteren Verlauf des Kapitels wird der Clientteil der Architektur nur in Bezug auf die Schnittstelle zwischen Client und Server beschrieben. Die vorgestellte Architektur ist also clientunabhängig und eignet sich daher für verschiedene Clienttypen (z.B. Webbrowser, mobile Endgeräte). Einige Beispiele für unterschiedliche Clients werden im nächsten Kapitel gegeben.

Beim Design des Serverteils der Architektur wird auf das Schichtenprinzip zurückgegriffen (vgl. [BHS07, S. 185]). Dabei wird die Gesamtfunktionalität eines Systems auf logische Schichten aufgeteilt. Jede Schicht ist nur für bestimmte Teile der Gesamtfunktionalität verantwortlich. Durch die strikte Einhaltung der Verantwortlichkeiten werden Interdependenzen im System verringert. Eine übliche Trennung ist die Unterscheidung zwischen einer Logikschicht (Business Layer), einer Datenzugriffsschicht (Data Access Layer) und einer Dienstschicht (Service Layer) [Fow02]. Die Schichten übernehmen dabei folgende Aufgaben:

- Logikschicht: In der Logikschicht wird der vom System modellierte Ausschnitt der Realität und die zu berücksichtigenden Abläufe geeignet abgebildet. In objektorientierten Systemen erfolgt dies in Form von Klassen.

- Datenzugriffsschicht: Die Datenzugriffsschicht stellt die Persistenz der Objekte der Logikschicht sicher. Dies beinhaltet sowohl das Speichern als auch das Abrufen von Objekten aus einer persistenten Datenbasis (in der Praxis häufig eine Datenbank).

- Dienstschicht: Die Dienstschicht stellt die Schnittstelle des Serverteils des Systems nach außen dar. Clients des Systems kommunizieren mit dem Serverteil ausschließlich über die Dienstschicht. Die Dienstschicht nutzt dabei die Datenzugriffsschicht, um benötigte Objekte der Logikschicht mit ihrem aktuellen Zustand gemäß der Datenbasis zu instantiieren. Die Dienstschicht kann das Objekt an den Client zur Anzeige übermitteln oder das Objekt durch Aufruf von geeigneten Objektmethoden manipulieren und anschließend wieder über die Datenzugriffsschicht persistieren.

Abbildung 5.1 stellt die grundlegende Architektur des Systems grafisch dar. Anhand der nummerierten Pfeile lässt sich ein typischer Datenfluss im System nachvollziehen. Ausgangpunkt ist eine Anfrage eines Clients (1) an die Dienstschicht des Servers. Beispielsweise kann die Anfrage darin bestehen, die für einen am Client angemeldeten Benutzer aktuelle Prozessphase in einem bestimmten Kreativitätsprozess abzufragen, damit diese ihm geeignet dargestellt werden kann. Die dafür zuständige Komponente der Dienstschicht nimmt die Anfrage entgegen, in der der Client Referenzen auf den betroffenen Kreativitätsprozess sowie den angemeldeten Benutzer z.B. in Form von eindeutigen Identifikationsnummern (IDs) übergibt. Um die Anfrage beantworten zu können, müssen zunächst die vom Client referenzierten Objekte (Prozess und Benutzer) instantiiert werden. Dazu ruft die Dienstschicht die dafür verantwortlichen Komponenten der Datenzugriffsschicht auf (2), die wiederum Anfragen an die Datenbasis stellen (3). Die Antwort der Datenbasis (4) nutzt die Datenzugriffsschicht, um die Logikobjekte zu instantiieren (5), die dann an die Dienstschicht weitergeleitet werden (6). Diese ruft dann beispielsweise eine geeignete Objektmethode des Prozessobjekts auf, die eine Prozessphase als Objekt vom Typ `ProcessPhase` zurückliefert. Diese wird dann dem Client zur Verfügung gestellt (7). Im

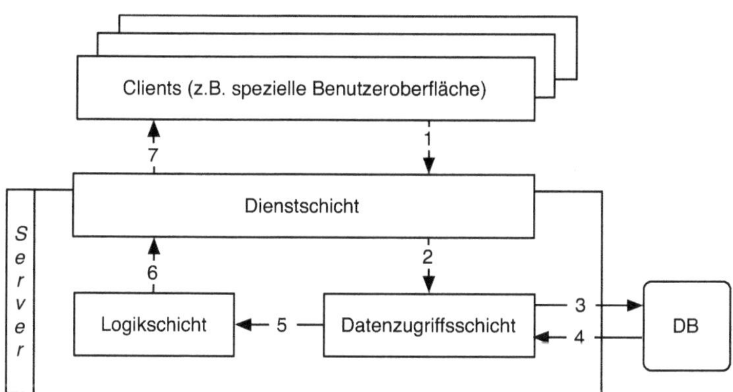

Abbildung 5.1: Typischer Datenfluss in der Systemarchitektur.

Folgenden werden die Komponenten der einzelnen Schichten genauer beschrieben.

5.2 Logikschicht

Die Aufgabe der Logikschicht ist es, die wesentlichen Phänomene des zu modellierenden Realitätsauschnitts und deren Beziehungen zueinander abzubilden. Neben den Prozessphasen, Prozessen und Prozessschablonen, auf die im vorherigen Kapitel ausführlich eingegangen wurde, werden für ein CSS weitere Entitätstypen benötigt. Einige von ihnen wurden im vorherigen Kapitel bereits erwähnt, aber nicht genauer besprochen, da deren Modellierung für das Prozessmodell weniger von Bedeutung war. Diese sollen im Rahmen der Beschreibung der Logikschicht genauer betrachtet werden. Die Logikschicht des generischen CSS besteht im Wesentlichen aus den folgenden Entitätstypen:

1. Benutzer (`User`): Sie führen Kreativitätsprozesse im Rahmen von Kreativitätssitzungen durch und generieren / bewerten Ideen in den jeweiligen Prozessphasen.
2. Probleme (`Problem`): Probleme sind der Ausgangspunkt für Kreativitätssitzungen. Das Ziel einer Kreativitätssitzung ist es, Ideen zur Lösung eines Problems (einer Fragestellung) zu erarbeiten.
3. Kreativitätssitzungen (`Session`): Sie bilden einen organisatorischen Rahmen für Kreativitätsprozesse.
4. Ideen (`Idea`): Ideen werden von den Benutzern in divergenten Prozessphasen generiert und in konvergenten Prozessphasen bewertet. Sie stellen gleichzeitig das Ergebnis von Kreativitätsprozessen und von Kreativitätssitzungen dar.
5. Prozessphasen (`ProcessPhase`): Die Grundbausteine eines Kreativitätsprozesses. Für die Benutzer stellt sich ein Kreativitätsprozess als eine Abfolge von Prozessphasen dar.
6. Prozesse (`Process`): Abbildung konkreter Kreativitätsprozesse.
7. Prozessschablonen (`ProcessTemplate`): Prozessschablonen sind Vorgaben für Kreativitätsprozesse und eignen sich damit, Kreativitätstechniken abzubilden.

Nachdem die wesentlichen zu modellierenden Phänomene identifiziert wurden muss entschieden werden, wie sich diese geeignet abbilden lassen. Dazu ist zunächst festzulegen, welche Eigenschaften eines Phänomens abgebildet werden sollen. Die Argumentation soll hier nach Möglichkeit durch theoretische oder empirische Erkenntnisse der Kreativitätsforschung unterstützt werden. Schließlich muss entschieden werden, wie die Phänomene formalisiert, also in eine in einem Softwaresystem repräsentierbare Form gebracht werden. Diesem Vorgehen folgend werden die bisher nicht detailliert modellierten Phänome (1. bis 4.) genauer betrachtet. Prozessphasen, Prozesse und Prozessschablonen (5. bis 7.) wurden bereits in Kapitel 4 modelliert.

5.2.1 Benutzer

Die Benutzer sind die Personen, die das System verwenden. Sie erstellen Sitzungen, nehmen an Sitzungen teil (sie entsprechen dort also den Personen-Objekten des Prozessmodells), sie generieren und bewerten Ideen. Die Abbildung der Benutzer im System dient auch dazu, alle Aktionen im System eindeutig realen Personen zuordnen zu können. Dazu ist es nötig, Authentifizierungsdaten (Login und Passwort) sowie Identifizierungsdaten (Namen) zu speichern.

Benutzerentitäten werden im System durch Objekte der Klasse `User` repräsentiert. Benutzer sind durch folgende Attribute gekennzeichnet:

- `firstName : String`. Der Vorname des Benutzers.
- `lastName : String`. Der Nachname des Benutzers.
- `login : String`. Die Kennung mit der sich der Benutzer am System authentifizieren kann.
- `password : String`. Das Passwort mit dem sich der Benutzer am System authentifizieren kann.
- `role : UserRole`. Die Rolle des Benutzers. Sie wirkt sich auf die Zugriffsrechte und die für den Benutzer sichtbaren Objekten aus (s.u.).

Bei der Umsetzung der Architektur in ein konkretes CSS können - je nach Einsatzzweck - weitere Attribute interessant sein (z.B. Firma des Benutzers, Adresse etc.). Beim Einsatz im Unternehmensumfeld ist eine Kopplung an eine bereits existierende Benutzerverwaltung naheliegend, bei der wesentliche Benutzerattribute wie Vor- und Nachname von der Benutzerverwaltung bezogen werden könnten.

Eng mit der Modellierung der Benutzer verbunden ist die Frage der Zugriffsrechte und der Sichtbarkeit der verschiedenen im System repräsentierten Objekte (z.B. Zugriff auf Sitzungen oder Ideen). Wie in komplexeren Systemen üblich, soll die Zuweisung im generischen CSS nicht direkt auf Benutzerebene geschehen, sondern auf Grundlage eines hierarchischen Rollenkonzepts. Folgende Hierarchiestufen sind für die Benutzerrollen (`UserRole`) vorgesehen:

- Administratoren (`Administrator`): Administratoren haben lesenden und schreibenden Zugriff auf alle Objekte im System.
- Sitzungsmanager (`Sessionmanager`): Sitzungsmanager können neue Kreativitätssitzungen anlegen und haben lesenden und schreibenden Zugriff auf alle Objekte

in den von ihnen angelegten Sitzungen. Sie können insbesondere den Prozessverlauf steuern sowie festlegen, welche Personen an einer bestimmten Sitzung teilnehmen dürfen.

- Teilnehmer (`Participant`): Teilnehmer dürfen an Sitzungen teilnehmen und dort Ideen bearbeiten sowie Ideenbewertungen abgeben.
- Gäste (`Guest`): Gäste dürfen an Sitzungen teilnehmen und deren Verlauf verfolgen, dürfen aber selbst keine Beiträge einbringen (weder Ideen noch Ideenbewertungen).

Die Benutzerrollen lassen sich beispielsweise als Aufzählungstyp repräsentieren.

5.2.2 Probleme

In einem Kreativitätsprozess sollen Ideen für ein gegebenes Problem gefunden werden. Probleme sind sozusagen die Motivation für Kreativitätssitzungen und damit eine notwendige Voraussetzung, um einen Kreativitätsprozess zielgerichtet durchführen zu können. Für die Ergebnisse eines Kreativitätsprozesses ist die genaue Spezifizierung des zu lösenden Problems von großer Bedeutung [PNS03]. Bei der Formulierung soll darauf geachtet werden, eine möglichst kurze, allgemein verständliche und nicht zu detaillierte Beschreibungen zu finden. Es empfiehlt sich weiterhin, das Problem immer als Fragestellung zu formulieren, da dies für die Teilnehmer stärker handlungsauslösend ist als eine Formulierung als Aussage [Sch06]. Die Problemformulierung "Wie können wir unser neues Produkt nennen?" ist also der Formulierung "Wir brauchen einen Namen für unser neues Produkt." vorzuziehen.

Für die Modellierung der Probleme lässt sich schlussfolgern, dass eine Begrenzung der Zeichenanzahl für die Problemformulierung aus fachlichen Gründen sinnvoll ist. Die Benutzer sind dadurch darauf angewiesen, prägnante Problemtexte zu formulieren. In den im Rahmen der Evaluation eines generischen CSS durchgeführten Studien, auf die im nächsten Kapitel eingegangen wird, hat sich eine Beschränkung auf 150 Zeichen (für deutsche Problemtexte) als praktikabel herausgestellt.

Im Einzelfall sind aber möglicherweise zusätzliche Informationen tatsächlich unvermeidbar (z.B. bestimmte Nebenbedingungen oder eine Vorgeschichte zum Problem, in der bereits erprobte Lösungen aufgeführt sind etc.). Dies soll das Problemmodell durch ein zusätzliches Beschreibungsattribut berücksichtigen.

Ein Problem (`Problem`) wird also durch folgende zwei Attribute hinreichend beschrieben:

- `text : String[150]`. Der Problemtext als Frage formuliert.

- `description : String`. Eine genauere Beschreibung des Problemumfelds in Form von Lösungsbedingungen, schon erprobten Lösungen etc. (falls nötig).

5.2.3 Kreativitätssitzungen

Kreativitätssitzungen bilden den organisatorischen Rahmen, in dem Kreativitätsprozesse durchgeführt werden. Nach Schlicksupp lassen sich Kreativitätssitzungen folgendermaßen charakterisieren [Sch93]: In einer Kreativitätssitzung wird für ein gegebenes Problem mit einer Menge an Benutzern (den Teilnehmern der Sitzung) ein Kreativitätsprozess durchgeführt. Der Ablauf des Prozesses wird von der Kreativitätstechnik bestimmt, die vor Beginn der Sitzung festgelegt wird. Eine ausgezeichnete Person, die Moderator genannt wird, achtet dabei auf die korrekte Durchführung der Kreativitätstechnik und ist für alle weiteren notwendigen organisatorischen Aufgaben (z.B. Materialien organisieren, Räume für die Sitzungen buchen, Einladen der Teilnehmer) verantwortlich. Der Moderator ist in der Regel kein aktiver Teilnehmer am Kreativitätsprozess, damit er sich voll auf die organisatorischen Aufgaben konzentrieren kann und seine Neutralität nicht in Frage gestellt werden kann. Bei der Modellierung soll aber der Fall, dass der Moderator selbst auch aktiver Teilnehmer der Sitzung ist, ebenfalls berücksichtigt werden.

In traditionell, also ohne Computerunterstützung durchgeführten Kreativitätssitzungen ist es üblich, die Teilnehmer vor Beginn der Sitzung explizit zu benennen. Für computerunterstützte Kreativitätssitzungen ist es allerdings durchaus denkbar und z.B. im Sinne eines Einsatzes in offenen Innovationsprozessen speziell erwünscht, den Teilnehmerkreis nicht ex ante einzuschränken. Ein generisches CSS, das für möglichst viele konkrete Szenarien einsetzbar sein soll, sollte daher beide möglichen Fälle abdecken.

Der Lebenszyklus einer Kreativitätssitzung ist eng an den zur Sitzung gehörigen Kreativitätsprozess gekoppelt, was aber wiederum nicht bedingt, dass alle Teilnehmer permanent am Kreativitätsprozess mitwirken. So ist z.B. eine Brainwriting-Sitzung denkbar, die sich über mehrere Tage erstreckt und in der die Teilnehmer asynchron von Zeit zu Zeit neue Ideen beisteuern.

Der Ablauf einer Kreativitätssitzung lässt sich zeitlich in folgende drei Phasen gliedern:

1. Nicht gestartet: Die Sitzung ist organisiert worden, in dem das zu lösende Problem und eine geeignete Kreativitätstechnik bestimmt sowie die Teilnehmer ausgewählt und eingeladen wurden. Die Sitzung wurde aber noch nicht begonnen, d.h. der zur Kreativitätstechnik passende Kreativitätsprozess wird noch nicht durchgeführt.

2. Läuft: Die Teilnehmer führen den Kreativitätsprozess durch. Eine laufende Kreativitätssitzung kann nicht unterbrochen bzw. pausiert werden, der Ablauf der laufenden Sitzung wird ausschließlich von der gewählten Kreativitätstechnik bestimmt. So wird gewährleistet, dass der Prozess möglichst im Sinne der Kreativitätstechnik durchgeführt wird.

3. Beendet: Der Kreativitätsprozess wurde beendet (alle Phasen, die gemäß der Kreativitätstechnik zu absolvieren sind, wurden absolviert). Damit ist auch die dazugehörige Kreativitätssitzung beendet und das Ergebnis des Kreativitätsprozesses ist gleichzeitig das Ergebnis der Kreativitätssitzung.

Eine Kreativitätssitzung (`Session`) lässt sich über folgende Attribute geeignet repräsentieren:

- `facilitator : User`. Der Moderator der Sitzung. Es ist naheliegend, dass der Ersteller einer Sitzung auch deren Moderator ist, was dem oben beschriebenen Aufgabenfeld der Organisation und Durchführung entspricht. Gemäß Rollenmodell muss dieser Benutzer also mindestens die Rolle `Sessionmanager` haben. Nur der Moderator darf die Attribute der Sitzung konfigurieren. Er kann selbst auch als aktiver Teilnehmer in Erscheinung treten, muss dies aber nicht tun.
- `problem : Problem`. Das Problem, für das in dieser Kreativitätssitzung Ideen gesucht werden.
- `state : (created, running, finished)`. Der Zustand, in dem sich die Sitzung befindet. Dabei bezeichnet `created` den Zustand, in dem die Sitzung angelegt, aber noch nicht gestartet wurde. Der Zustand hat den Wert `running`, wenn die Sitzung läuft, also der dazugehörige Kreativitätsprozess auf Grundlage der Prozessschablone und den anwesenden Teilnehmern instantiiert wurde. Wenn der Kreativitätsprozess beendet ist, geht auch die Sitzung in den Zustand `finished` über.
- `template : ProcessTemplate`. Die Prozessschablone, die vorgibt, wie der Kreativitätsprozess in dieser Sitzung ablaufen wird. Mit der Prozessschablone wird also die Kreativitätstechnik modelliert. Solange die Sitzung noch nicht gestartet wurde, kann die Prozessschablone noch beliebig geändert werden. Sobald die Sitzung läuft ist eine Änderung nur insoweit möglich, dass bereits absolvierte Phasen davon nicht beeinflusst werden.
- `open : Boolean`. Legt fest, ob es sich bei der Sitzung um eine offene oder eine geschlossene Sitzung handelt. Ist die Sitzung offen, dürfen grundsätzlich alle Benutzer außer einer explizit definierten Benutzermenge (`forbiddenUsers`) teilnehmen. Analog dazu dürfen bei einer geschlossenen Sitzung ausschließlich Benutzer aus einer

explizit definierten Benutzermenge (`allowedUsers`) teilnehmen.

- `allowedUsers : Set(User)`: Bestimmt die Benutzer, die an einer geschlossenen Sitzung teilnehmen dürfen.
- `forbiddenUser : Set(User)`: Bestimmt die Benutzer, die an einer offenen Sitzung nicht teilnehmen dürfen.
- `participants: Set(User)`. Die aktuell an der Sitzung teilnehmenden Personen. Das Hinzufügen eines Benutzers zu dieser Menge entspricht dem Beitritt des Benutzers zu dieser Sitzung, das Entfernen entspricht dem Verlassen der Sitzung.
- `process : Process`. Der in dieser Sitzung durchgeführte Kreativitätsprozess. Direkt nach dem Anlegen der Sitzung (im Zustand `created`) ist das Attribut noch unbesetzt. Erst beim Wechsel in den Zustand `running` wird der Prozess auf Grundlage der Prozessschablone sowie dem zu Zeitpunkt des Beginns anwesenden Teilnehmern Phase für Phase instantiiert.

5.2.4 Ideen

Ideen sowie Bewertungen von Ideen sind das Ergebnis und damit auch das Ziel von Kreativitätsprozessen. Das Ideenmodell eines generischen CSS muss vor allen Dingen hinreichend allgemein genug sein, um sich für ein möglichst breites Einsatzspektrum in unterschiedlichen Kreativitätsprozessabläufen zu eignen. Weiter lassen sich aus der im vorherigen Kapitel ausgeführten Analyse der divergenten Prozessphasen Anforderungen an die inhaltlichen Darstellungsformen von Ideen (z.B. als Text, als Skizze usw.) ableiten. Ebenso gibt die Analyse der konvergenten Prozessphasen Aufschluss über die Anforderungen an das Ideenmodell hinsichtlich der Ideenbewertungen. Schließlich muss noch das Designprinzip einer detaillierten Datenhistorie für CSS im Ideenmodell berücksichtigt werden.

Ideeninhalte

Ideen sind zunächst rein gedankliche Konzepte. Für die Speicherung in einem CSS müssen die Inhalte der Ideen, wie in Kapitel 4.1 bereits erläutert, expliziert werden. Um die in der Prozessanalyse untersuchten Kreativitätstechniken abbilden zu können, muss das Ideenmodell folgende drei Darstellungsmöglichkeiten für Ideeninhalte unterstützen:

- Texte: Beim Großteil der Kreativitätstechniken wird von einer textuellen Darstellung der Ideeninhalte ausgegangen.

- Bilder: Bei der Grußkartentechnik wird ausdrücklich vorgeschrieben, dass die Teilnehmer Ideen durch Bilder aus externen Quellen ausdrücken sollen.
- Zeichnungen: Einige Techniken wie das Brainsketching geben vor, Ideen in Form von Freihandskizzen während der Sitzung zu formulieren. Nakakoji et al. sehen den Vorteil von Zeichnungen in Kreativitätsprozessen sowohl in ihrer niedrigeren Formalität im Vergleich zu textuellen Inhalten als auch in der eigentlichen Aktivität des Zeichnens, die per se kreativitätsfördernd wirken soll [NTF06].

Für spezielle Einsatzszenarien können weitere Repräsentationsmöglichkeiten (z.B. 3D-Modelle etc.) angebracht sein. Die Prozessphasenschablonen geben dabei vor, welche Repräsentationsmöglichkeiten in konkreten Prozessphasen aktiviert sind. Das Modell muss in dieser Richtung offen für weitere Repräsentationsmöglichkeiten sein.

Liegen keine anderweitigen Einschränkungen vor ist es naheliegend, auch die Kombination verschiedener Darstellungsmöglichkeiten innerhalb einer Idee zu ermöglichen, da dies die Ausdrucksstärke des Modells erhöht. So kann eine Idee möglicherweise als Kombination einer Skizze und einem erläuternden Text adäquater formuliert werden als nur durch eine der beiden Darstellungsoptionen.

In einer Kreativitätssitzung können Ideen nicht nur durch Einbringen von neuen Gedanken in Form von Ideen generiert werden, sondern auch durch die neuartige Kombination von bereits zuvor eingebrachten Ideen. Dies ist zum Beispiel bei der im vorherigen Kapitel genauer beschriebenen morphologischen Analyse der Fall, bei der zunächst Merkmalsausprägungen als Ideen gesammelt werden und für die Lösung des Ausgangsproblems dann nur noch Kombinationen dieser Ideen zusammengestellt werden. Mit dem Ideenmodell muss also auch die Kombination von Ideen zu neuen Ideen möglich sein.

Schnetzler empfiehlt weiterhin, in Kreativitätssitzungen Ideen fortlaufend zu nummerieren sowie nach Möglichkeit zu betiteln [Sch06]. Dies soll vor allem die eindeutige Referenzierung von Ideen in Diskussionen sowie die Dokumentation der Ergebnisse von Kreativitätssitzungen erleichtern.

Ideenbewertungen

Aus der Analyse der konvergenten Prozessphasen von Kreativitätsprozessen lässt sich ableiten, dass das Ideenmodell für ein generisches CSS zwei unterschiedliche Formen der Bewertung unterstützen muss:

- Numerische Bewertungen (Scoring): Benutzer ordnen den Ideen Zahlenwerte zu. Dadurch entsteht eine Ordnung auf den Ideen, die z.B. ihre Vorzugswürdigkeit ausdrücken können. Die Bewertungen von mehreren Benutzern lassen sich sinnvoll mit statistischen Maßen wie z.B. der Durchschnittsbildung zusammenfassen.

- Textuelle Bewertungen (Kommentare): Benutzer können einer Idee einen beliebigen Freitext zuordnen. Eine automatisierte Aggregrierung der Bewertungen mehrerer Benutzer wie beim Scoring ist in diesem Fall nicht möglich.

Jede Bewertung kann dabei im Kontext eines Szenarios und/oder in Hinblick auf ein bestimmtes Kriterium erfolgen. Die Prozessphasenschablonen für die konvergenten Prozesse geben dabei wieder vor, welche Bewertungsmöglichkeiten in konkreten Prozessphasen möglich sind und ob Szenarien oder Kriterien zur Anwendung kommen.

Historie

Shneiderman empfiehlt bei dem Design von CSS die Fähigkeit zur Speicherung einer umfangreichen Datenhistorie zu berücksichtigen [Shn07]. Eines Datenhistorie für Ideen aus Kreativitätsprozessen kann aus mehreren Gründen sinnvoll sein:

- Eine Datenhistorie verhindert, dass Änderungen an einer Idee dazu führen, dass die ursprüngliche Idee vollständig aus dem System gelöscht wird. Insbesondere bei kooperativer Bearbeitung ist dies ein wichtiger Punkt, da die Teilnehmer sicher sein können, dass trotz möglicher Änderungen der Idee durch andere Teilnehmer, auf die sie selbst keinen Einfluss haben, der Inhalt der eigenen Ideen über die Historie abrufbar bleibt. Aber auch für den einzelnen Benutzer stellt die Möglichkeit, Ideeninhalte zu früheren Zeitpunkten wieder abrufen und damit auch durchgeführte Änderungen revidieren zu können, eine praktische Hilfe im kreativen Prozess dar [SCD+07].

- Durch eine Datenhistorie können alle Änderungen an Ideen in chronologischer Reihenfolge rekonstruiert werden, so dass die Entwicklung einer Idee über einen längeren Zeitraum nachvollzogen werden kann.

- Eine Datenhistorie ermöglicht die Zuordnung von Änderungen zu Benutzern. Aus diesen Information können dann weitere Informationen abgeleitet werden. Beispielsweise lassen sich dadurch die Beiträge eines Benutzers an einer Idee nachvollziehen und damit seine Beteiligung an der Idee abschätzen.

Das Ideenmodell des generischen CSS muss die oben genannten Punkte zur Datenhistorie berücksichtigen.

Modellierung

Das im weiteren Verlauf des Abschnitts beschriebene Ideenmodell berücksichtigt alle oben ausgeführten Überlegungen bezüglich Ideeninhalten, Ideenbewertungen und Historie.

Die Elemente, die die eigentlichen Inhalte einer Idee darstellen, werden als Aspekte (`Aspect`) bezeichnet. Eine Idee muss aus mindestens einem Aspekt bestehen, kann aber auch mehrere Aspekte beinhalten. Dabei ist die Reihenfolge der Aspekte wesentlich für die Semantik der Idee, d.h. Ideen mit gleichen Aspekten in verschiedener Reihenfolge sind als unterschiedliche Ideen zu betrachten. Aspekte sind die inhaltlichen Bausteine einer Idee.

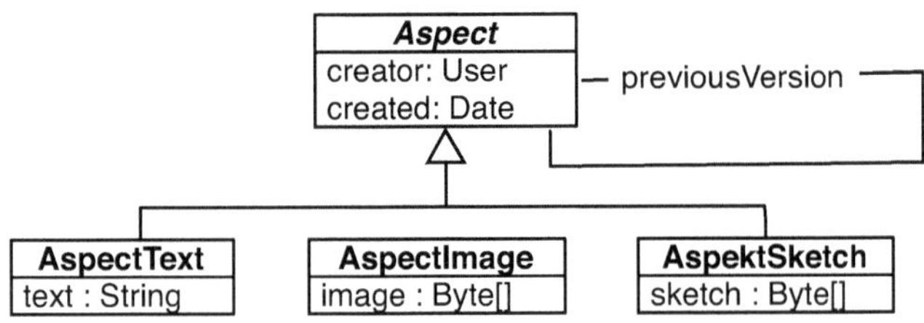

Abbildung 5.2: Modellierung der Ideeninhalte (Aspekte).

Die Aspekte können auf drei Arten repräsentiert werden, wodurch die drei oben diskutierten Darstellungsmöglichkeiten abgedeckt werden : textuell (`AspectText`), als Bild (`AspectImage`) oder als Zeichnung (`AspectSketch`). Diese Spezialisierung lässt sich dadurch abbilden, dass die Klasse `Aspect` als abstrakt modelliert wird, und die drei konkreten Aspektklassen von ihr erben (vgl. Abbildung 5.2). Die eigentlichen Inhalte müssen je nach konkreter Aspektklasse unterschiedlich gespeichert werden: Die textuelle Repräsentation der Idee wird durch das Attribut `text` vom Typ `String` in der Klasse `AspectText` modelliert. Bilder sowie Zeichnungen werden durch Binärdaten vom Typ `Byte[]` mit den Attributen `image` bzw. `sketch` in der Klasse `AspectImage` bzw. `AspectSketch` dargestellt. Weitere Darstellungsmöglichkeiten können durch Vererbung von der Basisklasse eingeführt werden.

Um die Anforderungen in Bezug auf die Datenhistorie zu erfüllen sind für jeden Aspekt noch folgende drei Attribute definiert:

- `previousVersion : Aspect`. Eine Referenz auf die vorherige Version dieses Aspekts. Wenn ein Aspekt neu angelegt wird, hat das Attribut den Wert `null`. Nach jeder Änderungsoperation auf einem Aspekt (z.B. der Text eines `AspectText` wird verändert) muss die Referenz auf einen Aspekt zeigen, der dem ursprüngliche Aspekt vor der Änderung entspricht (sequentielle Versionierung). Durch die Klasse `Aspect` werden also gleichsam auch Versionen von Aspekten repräsentiert.

- `creator : User`. Der Benutzer, der diesen Aspekt bzw. diese Version des Aspekts angelegt hat. Dadurch wird gewährleistet, dass jede Änderung an einem Aspekt einem Benutzer zugeordnet werden kann.
- `created : Date`. Der Zeitpunkt, zu dem dieser Aspekt bzw. diese Version des Aspekts angelegt wurde. Damit wird die zeitliche Nachvollziehbarkeit der Datenhistorie sichergestellt.

Die Ideenbewertungen werden durch die Klassen `RatingText` für textuelle Kommentare sowie `RatingScore` für numerische Bewertungen dargestellt. Beide Klassen erben von der abstrakten Basisklasse `Rating` die folgenden gemeinsamen Attribute (vgl. Abbildung 5.3):

- `rater : User`. Die Person, die die Bewertung abgegeben hat.
- `criterion : Criterion`. Das Kriterium, auf das sich diese Bewertung bezieht. Wird kein spezielles Kriterium bewertet, hat dieses Attribut den Wert `null`. Die `Criterion`-Objekte selbst können im einfachsten Fall auch direkt als Zeichenketten implementiert werden, eine Abstrahierung mit Hilfe einer eigenen Klasse erleichert aber eine spätere Anpassung.
- `scenario : Scenario`. Das Szenario, auf das sich diese Bewertung bezieht. Wird kein spezielles Kriterium bewertet, hat dieses Attribut den Wert `null`. Ebenso wie die `Criterion`-Objekte könnten auch `Scenario`-Objekte direkt als Zeichenketten implementiert werden.

Die abgegebenen Bewertungen werden durch das Attribut `text` vom Typ `String` für textuelle Kommentare in der Klasse `RatingText` sowie durch das Attribut `score` vom Typ `Integer` für numerische Bewertungen in der Klasse `RatingScore` abgebildet. Welche Bewertungsmöglichkeiten dem Benutzer im konkreten Fall offen stehen und - im Falle des Scoring - welche Werte vergeben werden können, wird wieder von der für die Phase aktiven Prozessschablone vorgegeben.

Eine Idee wird schließlich durch die Klasse `Idea` mit folgenden Attributen modelliert (vgl. Abbildung 5.4):

- `aspects : List(Aspect)`: Die Aspekte, die den Inhalt dieser Idee darstellen.
- `previousVersion : Idea`. Eine Referenz auf die vorherige Version dieser Idee. Wenn eine Idee neu angelegt wird, hat das Attribut den Wert `null`. Nach einer Änderungs-

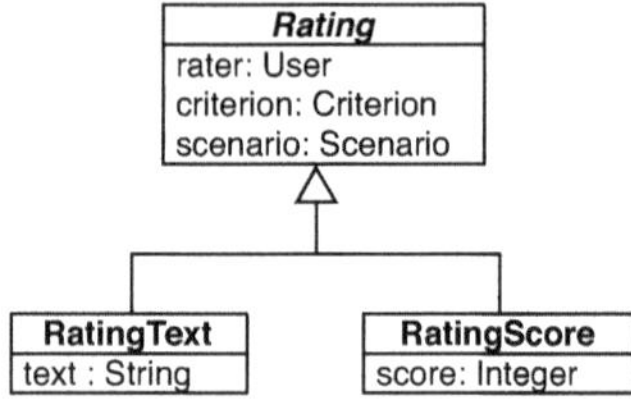

Abbildung 5.3: Modellierung der Ideenbewertungen.

operation (z.B. Aspekte bzw. Aspektreihenfolge verändert oder Titel geändert) muss die Referenz auf eine Idee zeigen, die der ursprüngliche Idee vor der Änderung entspricht (sequentielle Versionierung). Wie schon bei den Aspekten werden durch die Klasse `Idea` also auch Versionen von Ideen repräsentiert. Ein Zugriff auf die Ideen eine Phase liefert immer die aktuellste Version aller Ideen der Phase, von denen man dann bei Bedarf auf frühere Versionen zugreifen kann.

- `creator : User`. Der Benutzer, der diese Idee bzw. diese Version der Idee angelegt hat. Dadurch wird gewährleistet, dass jede Änderung an einer Idee einem Benutzer zugeordnet werden kann.
- `created : Date`. Der Zeitpunkt, zu dem diese Idee bzw. diese Version der Idee angelegt wurde. Damit wird die genaue zeitliche Nachvollziehbarkeit der Datenhistorie ermöglicht.
- `ratings : Set(Rating)`: Die Bewertungen, die für diese Idee abgegeben wurden.
- `title : String`. Der Titel ist eine textuelle Kurzbeschreibung der Idee, die von den Benutzern festgelegt wird und im Verlauf einer Sitzung auch geändert werden kann.
- `number : Integer`. Die Ideennummer dient der einfacheren Bezugnahme auf Ideen in Diskussionen und ist insbesondere praktisch, wenn der Idee kein Titel zugewiesen wurde. Die Nummern werden vom System fortlaufend vergeben und sind durch die Benutzer nicht änderbar. Sie sind aber nicht mit den bei der Umsetzung des Modells in ein Softwaresystem nützlichen eindeutigen Objekt-IDs zu verwechseln sondern sind rein fachlich motiviert.

Das hier vorgestellte Ideenmodell eignet sich für die Durchführung allgemeiner Kreativitätsprozesse auf Grundlage unterschiedlicher Kreativitätstechniken im Rahmen eines generischen CSS. Mit dem Modell können sowohl die Ergebnisse der divergenten Phasen (Ideeninhalte) als auch der konvergenten Phase (Ideenbewertungen) repräsentiert werden. Das gemeinsame Ideenmodell für alle Kreativitätsprozesse und -techniken ermöglicht die nahtlose Übergabe der Ideen zwischen Prozessphasen und ist somit eine Voraussetzung für

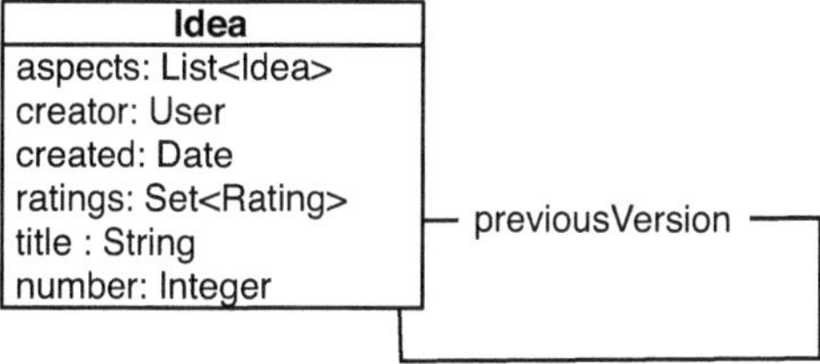

Abbildung 5.4: Ideenmodell.

die Kombination von Kreativitätsprozessen wie sie in Kapitel 4 beschrieben wurde. Durch die zeit- und benutzerbezogene Versionierung aller Änderungen wird eine vollständige Datenhistorie mit den erwähnten Vorteilen für CSS ermöglicht.

Neben den in diesem Kapitel beschriebenen Entitäten zählen noch die Elemente des einheitlichen Prozessmodells aus Kapitel 4 zur Logikschicht: Die Prozessphasen als elementare Bausteine von Kreativitätsprozessen (vgl. Kapitel 4.2.1), die Kreativitätsprozesse als eine Folge von Aktivitäten, die zu kreativen Ideen führt (vgl. Kapitel 4.2.2) sowie die Prozessschablonen, in denen Vorgaben für den Ablauf von Kreativitätsprozessen festgelegt werden (vgl. Kapitel 4.2.3).

Die sieben oben genannten Elemente stellen gemeinsam die Logikschicht der Architektur des generischen CSS dar. Durch die angegebenen Modellierungen werden die wesentlichen Phänomene und deren Eigenschaften, die zur Unterstützung kollaborativer Kreativitätsprozesse im Sinne des in Kapitel 4 entwickelten Prozessverständnisses benötigt werden, abgebildet. Im Folgenden wird nun auf die Datenzugriffsschicht der Architektur eingegangen.

5.3 Datenzugriffsschicht

Die Aufgabe der Datenzugriffsschicht besteht darin, die Objekte der Logikschicht persistent zu speichern sowie zuvor persistierte Daten abzurufen. Die Datenzugriffsschicht bedient sich dazu in der Regel eines Datenbanksystems, die Daten können aber auch auf andersartig persistiert werden (z.B. in Form von XML-Dateien). Die konkrete Form der Persistierung ist für die Architektur des generischen CSS von geringerer Bedeutung. Allerdings sollten folgende Punkte bei der Implementierung einer Datenzugriffsschicht beachtet werden:

- Während Kreativitätssitzungen (insb. in den divergenten Phasen) werden häufig sehr viele Ideen von mehreren Teilnehmern in kurzer Zeit erstellt und bearbeitet. Die Datenzugriffsschicht muss die entsprechenden `Idea`-Objekte schnell genug speichern und abrufen können, damit es an diesen Stellen nicht zu Performanceengpässen kommt.
- Die Teilnehmer innerhalb einer Prozessphase arbeiten parallel an Ideen, und innerhalb einer Sitzung können zeitgleich mehrere parallele Prozessphasen ablaufen. Daher muss die Datenzugriffsschicht mit nebenläufigen Änderungsprozessen umgehen können, sollte sich also Mechanismen zur Nebenläufigkeitskontrolle bedienen [BS98, S. 193ff].
- Allgemein sollte die Datenzugriffsschicht gegenüber den anderen Schichten nach Möglichkeit ihre konkret verwendete Datenbasis verborgen halten. Dies erleichert ein späteres Auswechseln der Datenbasis und ermöglicht es, unterschiedliche Datenbasisansätze zu testen, ohne Änderungen an den Elementen der anderen Schichten vornehmen zu müssen.

Im Weiteren wird davon ausgegangen, dass die Datenzugriffsschicht mit Datenzugriffsobjekten umgesetzt ist [Noc03, S. 9ff]. Dabei wird für jeden Datentyp der Logikschicht eine Klasse in der Datenzugriffsschicht definiert, die für die Persistenz von Objekten des Datentyps verantwortlich ist. Die Objekte der Klasse werden Datenzugriffsobjekte (Data Access Objects, DAOs) genannt. Ein ausführliche Diskussion über Möglichkeiten zur Implementierung von Datenzugriffsschichten mit unterschiedlichen Technologien findet sich bei Barcia et al. [BHB+08].

5.4 Dienstschicht

Die Dienstschicht stellt die Schnittstelle des von der Architektur beschriebenen Serverteils nach außen dar. Clients können also nicht direkt auf die Datenzugriffsschicht oder die Logikschicht zugreifen, da alle Clientanfragen ausschließlich über die Dienstschicht erfolgen müssen. Die Objekte der Dienstschicht nutzen wiederum die Datenzugriffsschicht, um Objekte der Logikschicht abzurufen und deren Zustand zu ändern. Ein übliches Muster ist es, für jede Klasse der Logikschicht eine dazugehörige Klasse der Dienstschicht zu definieren, über die Clients die jeweiligen Objekte der Klasse abrufen bzw. Aktionen auf ihnen ausführen können. In einem System existiert dann in der Dienstschicht normalerweise genau ein Objekt pro Klasse der Logikschicht (Singleton-Pattern [GHJV04]).

Um synchrone Kooperation in kollaborativen Kreativitätsprozessen zu ermöglichen ist es notwendig, Clients über alle Änderungen am Zustand der Objekte der Logikschicht umgehend informieren zu können. So müssen beispielsweise alle Clients darüber informiert werden, wenn ein Benutzer eine neue Idee in einer Prozessphase anlegt, damit die neue Idee auf den Geräten der anderen Teilnehmern ebenfalls visualisiert werden kann. Da Änderungen nur über Methoden der Dienstobjekte möglich sind, ist es naheliegend, die Benachrichtigung der Clients über diese Änderungen ebenfalls in der Dienstschicht zu realisieren. Ein flexibler Ansatz für die Realisierung dieser Anforderung ist das Observer-Pattern [GHJV04]. Beim Observer-Pattern speichern die überwachten Objekte, die andere Objekte über ihre Zustandsänderungen informieren möchten, eine Menge von (Observer- oder Listener-) Objekten, die eine vordefinierte Schnittstelle implementieren. Bei einer Zustandsänderung werden die passenden Methoden der Schnittstelle für jeden Listener aufgerufen. Die konkrete Implementierung des Listeners ist dem überwachten Objekt unbekannt und für das Objekt auch nicht weiter von Bedeutung. In der Dienstschicht des generischen CSS kann der Serverteil der Architektur mit Clients über entsprechende Listener in den Dienstschicht-Objekten kommunizieren. Die Listener müssen sich bei den Dienstschicht-Objekten registrieren und werden dann in deren Listener-Menge eingereiht. Zustandsänderungen über die Dienstschicht führen dann zum Aufruf entsprechender Methoden in den client-spezifischen Listenerobjekten, die wiederum die passenden Aktionen auf der Clientseite auslösen (z.B. Darstellen einer neuen Idee).

Da jeder Zugriff auf das System über die Dienstschicht läuft, ist sie auch die geeignete Stelle, um Transaktionen zu definieren sowie Sicherheitschecks durchzuführen [Fow02, S.30ff]. Die konkrete Umsetzung dieser Konzepte ist hochgradig von der verwendeten Implementierungsumgebung abhängig und wird daher in diesem Zusammenhang nicht weiter diskutiert.

Exemplarisch wird nun die Klasse `IdeaService` zur Interaktion mit Ideenobjekten skizziert[1]. Die Dienstschicht-Klassen für die übrigen Datentypen der Logikschicht sind analog zu modellieren. Die Klasse benötigt nur zwei Attribute (vgl. Abbildung 5.5):

- `dao : IdeaDao`: Das Datenzugriffsobjekt aus der Datenzugriffsschicht, das für die Persistenz von Ideenobjekten verantwortlich ist.
- `listeners : Set(IdeaServiceListener)`: Die Menge an Listenern, die über Zustandsänderungen von Ideenobjekten informiert werden.

Die Attribute der Objekte der Dienstschicht sind vor den Clients verborgen. Clients können mit der Dienstschicht nur über Methodenaufrufe kommunzieren. Die von den Clients auf-

[1] Da Aspekte und Ideenbewertungen nur im Kontext von Ideen existieren können, werden diese Objekte ebenfalls von `IdeaService` verwaltet.

rufbaren Methoden definieren also die nach außen sichtbare Gesamtfunktionalität des Systems.

Die Methode `registerListener`, mit der Clients ihre Listenerobjekte registrieren können, um über Zustandsänderungen laufend informiert zu werden, wird in allen Dienstklassen benötigt. Die weiteren Methoden der Dienstklassen sind dagegen von der Funktionalität des dazugehörigen Datentyps der Logikschicht abhängig.

Der grundlegende Ablauf einer Dienstschicht-Methode soll am Beispiel der Methode `createAspectTextIdea(String processPhaseId, String title, String text, String userId)` erläutert werden, wobei davon ausgegangen, dass alle Objekte des Systems durch eine systemweit eindeutige ID identifiziert werden können. Durch den Methodenaufruf soll eine neue Idee in der Prozessphase mit der ID `processPhaseId` angelegt werden, die aus einem Aspekt mit textuellem Inhalt `text` besteht und den Titel `title` trägt. Der Ersteller ist der Benutzer mit der ID `userId`. Der Service legt die dazu gehörigen Objekte der Logikschicht (`Idea`, `AspectText`) an und setzt die Attribute entsprechend. Die Objekte werden dann über das `dao` persistiert. Danach werden die Listener-Objekte im Attribut `listeners` traversiert und für jedes Objekt dessen `onCreateAspectTextIdea` aufgerufen. Dabei werden die neu angelegten Objekte als Parameter übergeben. Nach demselben Prinzip sind die weiteren Methoden (`changeAspectText` zum Ändern eines existierenden textuellen Aspekts, `deleteIdea` zum Löschen einer Idea, `commentIdea` zum Bewerten einer Idee mit einem Kommentar etc.) zu realisieren. Durch die Dienstschicht

IdeaService
dao: IdeaDao listeners: Set<IdeaServiceListener>
+ createAspectTextIdea(String processPhaseId, String title, String text, String userId): Idea; + changeAspectText(String aspectId, String text, String userId): AspectText; + deleteIdea(String ideaId, String userId) : void + commentIdea(String ideaId, String comment, String userid); ... + registerListener(IdeaServiceListener listener)

<interface> IdeaServiceListener
+ onCreateAspectTextIdea(Idea, AspectText); + onChangeAspectText(AspectText); + onDeleteIdea(Idea) + onCommentIdea(Idea, RatingText)

Abbildung 5.5: Modellierung des Ideendienstes und des dazugehörigen Listener-Interfaces.

kann eine überschaubare Schnittstelle für die Clients des generischen CSS definiert werden. Durch die Nutzung des Observer-Patterns wird eine laufende Benachrichtigung der

Clients über alle Zustandsänderungen erreicht, ohne dabei clientspezifische Besonderheiten in der Dienstschicht berücksichtigen zu müssen. Dadurch bleibt der Serverteil des generischen CSS unabhängig von einem verwendeten Client und damit insbesondere von den verwendeten Benutzeroberflächen. Das Designprinzip der Austauschbarkeit der Benutzeroberfläche wird damit vollständig umgesetzt. Es lassen sich auch unterschiedliche Benutzeroberflächen (z.B. hinsichtlich der Art der Interaktion, der Komplexität etc.) kombinieren, wodurch mit der Architektur auch den weiteren Designprinzipien für CSS hinsichtlich Benutzerschnittstellen (Einfachheit, Möglichkeit zur Unterstützung komplexerer Funktionen) entsprochen werden kann.

5.5 Zusammenfassung

In diesem Kapitel wurde eine Architektur eines generischen Kreativitätsunterstützungssystems beschrieben. Die Architektur baut auf dem im vorherigen Abschnitt entwickelten einheitlichen Prozessmodell auf und zeigt, wie dieses in einer Client-Server-Architektur für ein CSS eingebettet werden kann. Dazu wurden neben den aus der Prozessmodellierung bereits bekannten Typen weitere notwendige Entitäten modelliert und in der Logikschicht der Architektur zusammengefasst. Es wurden Überlegungen zur Datenzugriffsschicht und zur Dienstschicht der Anwendung angestellt sowie deren wesentliche Elemente beschrieben. Durch die vorgestellte Architektur wird erstmalig die Durchführung einer großen Menge an Kreativitätstechniken und -kombinationen in einem Kreativitätsunterstützungssystem möglich. Zusätzlich ist die Architektur unabhängig von der verwendeten Benutzeroberfläche und ist damit auch für die simultane Benutzung über verschiedene Benutzeroberflächen ausgelegt, wodurch völlig neue Szenarien der Unterstützung von kollaborativen Kreativitätsprozessen denkbar werden.

6 Umsetzung und Evaluation

In diesem Kapitel werden die technische Umsetzbarkeit sowie die praktische Tragfähigkeit des in dieser Arbeit vorgestellten Ansatzes für ein generisches Kreativitätsunterstützungssystem thematisiert. Im ersten Abschnitt wird eine Implementierung der Architektur vorgestellt. Im zweiten Abschnitt werden die Ergebnisse einer Nutzerstudie mit dieser Implementierung dargestellt und diskutiert.

6.1 IdeaStream

Um eine empirische Evaluation des in dieser Arbeit vorgestellten Konzepts zur Unterstützung kollaborativer Kreativitätsprozesse vornehmen zu können wurde die im vorherigen Kapitel beschriebene Architektur im generischen CSS *IdeaStream* umgesetzt. Die Implementierung kann als ein Nachweis der Umsetzbarkeit der Architektur sowie des einheitlichen Prozessmodells aus Kapitel 4 begriffen werden. Der Systemaufbau wird in Abbildung 6.1 visualisiert und im Folgenden zunächst in Bezug auf den Server, anschließend in Bezug auf die Clients erläutert.

6.1.1 Server

Der Serverteil von *IdeaStream* ist durchgehend in der objektorientierten Programmiersprache Java implementiert. Die verschiedenen Schichten des Systems und die darin enthaltenen Klassen wurden gemäß den Überlegungen aus Kapitel 4 und 5 umgesetzt. Die Objekte der Logikschicht wurden direkt als einfache Java-Klassen (POJOs) aus dem Modell abgeleitet. Die Datenzugriffsschicht nutzt den objekt-relationalen Mapper *Hibernate*[1], der hauptsächlich mit dem relationalen Datenbanksystem *MySQL*[2] als Datenbasis zum Einsatz kam.

[1] Hibernate / Red Hat Inc., www.hibernate.org. (Stand: 01.10.2009)
[2] MySQL / Sun Microsystems Inc., http://www.mysql.com. (Stand: 01.10.2009)

Die Koordination zwischen den verschiedenen Schichten und deren Integration zu einer in J2EE/J2SE-Umgebungen lauffähigen Anwendung erfolgte mit Hilfe des *Spring-Frameworks*[3]. Durch das von Spring unterstützte Prinzip der Dependency Injection konnte eine sehr flexible Kopplung der verschiedenen Schichten erreicht werden. Dies erleichterte die Umsetzung und insbesondere das (automatische) Testen erheblich. Letzteres ist im Bereich kooperative Systeme ansonsten ein relativ komplexes Thema.

Die Kommunikation mit Clients erfolgt in *IdeaStream* über HTTP. Durch die in Kapitel 5 beschriebene Entkoppelung der Dienstschicht von der konkreten Clientkommunikation ist das System aber leicht um andere Mechanismen (z.B. RMI, TCP-Sockets) zu erweitern. Die HTTP-Kommunikation läuft über die Servlet Engine *jetty*[4]. Um die HTTP-Anfragen der Clients mit den Java-Methoden der Dienstschicht verknüpfen zu können, wurden entsprechende Adapterklassen implementiert. Sie nehmen die clientspezifischen HTTP-Anfragen entgegen und lösen die gewünschten Methodenaufrufe bei den Objekten der Dienstschicht aus. Die Adapter registrieren sich darüber hinaus als Listener bei den Serviceobjekten und können dadurch die Clients über alle Zustandsänderungen informieren. In der hier beschriebenen Version von *IdeaStream* ist der WebAdapter für die Kommunikation mit Desktop- und mobilen Webbrowsern verantwortlich. Durch Auswerten der Attributs *User-Agent* der HTTP-Header wird den Clients automatisch die jeweils passende Oberfläche präsentiert.

Der HessianAdapter erlaubt die Interaktion mit Clients über das Hessian-Protokoll[5]. Das Hessian-Protokoll ist ein leichtgewichtiges binäres Webservice-Protokoll, das auf HTTP aufbaut und für das APIs für viele verschiedene Programmiersprachen und Plattformen zur Verfügung stehen. Es stellt eine Alternative zu SOAP-basierten Webservices dar, bei der durch den Verzicht auf eine XML-Kodierung sowohl die Nachrichtenlänge und damit die Übertragungsdauer verkürzt wird als auch die Übersetzung in Objekte beim Empfänger beschleunigt wird [Cam06]. Der HessianAdapter stellt eine offene Schnittstelle zur Anbindung von (nicht browser-basierten) Clients sowie zur Integration des CSS in komplexere Workflows dar.

6.1.2 Clients

Durch die Verwendung des einheitlichen Prozessmodells für Kreativitätsprozesse wird sichergestellt, dass sich jeder Kreativitätsprozess für den Client als Abfolge von divergenten

[3] SpringSource, `http://www.springsource.org`. (Stand: 01.10.2009)
[4] Jetty / Mort Bay Consulting `http://www.mortbay.org/jetty`. (Stand: 01.10.2009)
[5] Hessian / Caucho Technology Inc. `http://hessian.caucho.com`. (Stand: 01.10.2009)

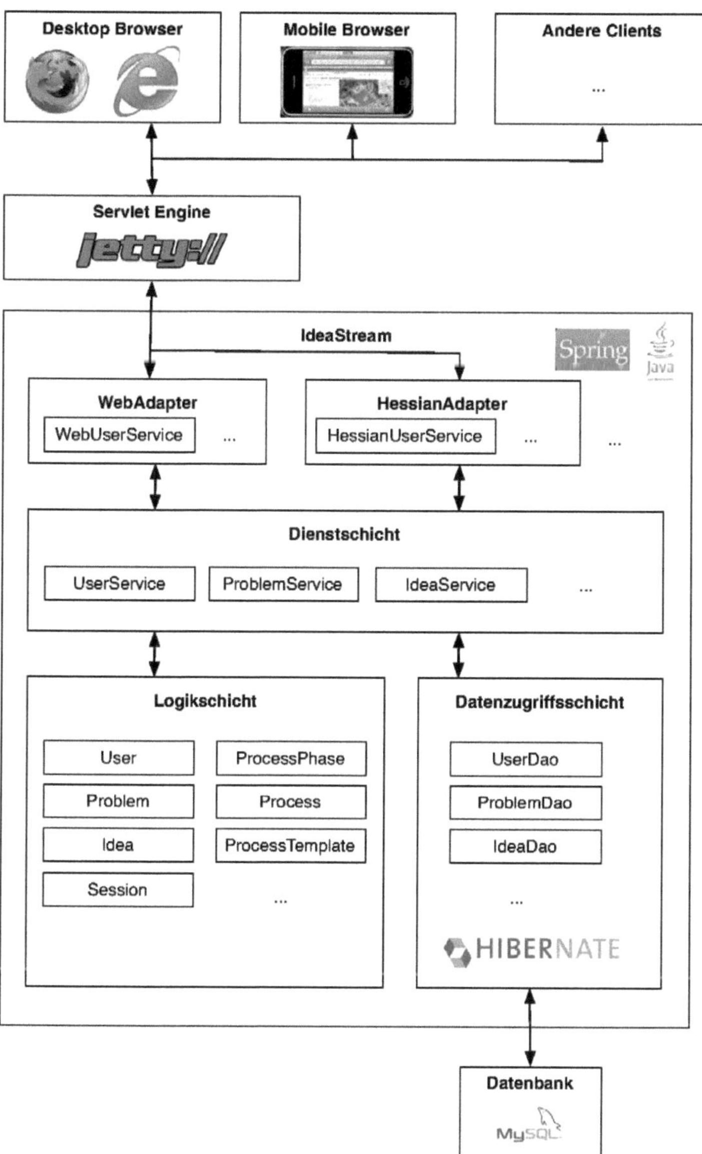

Abbildung 6.1: Systemaufbau des generischen CSS *IdeaStream*.

und konvergenten Prozessphasen darstellt. Die genaue Reihenfolge sowie die Attribute der einzelnen Phasen hängen von der verwendeten Kreativitätstechnik bzw. der sie formalisierenden Prozessschablone ab. Der Client muss die Prozessphasen und deren Attribute (Teilnehmer, Ideen etc.) darstellen können, Benutzeraktionen an die Dienstschicht des Servers weiterleiten und Änderungen an der Prozessphase, über die er vom Server informiert wird, laufend visualisieren. Allerdings muss der Client kein Verständnis von den die Phasen bestimmenden Prozessen sowie den die Prozesse bestimmenden Prozessschablonen haben. Ein Client für das generische CSS *IdeaStream* muss also nur definieren, wie er mit konvergenten und divergenten Prozessphasen umgehen möchte und ist dadurch für beliebige Kreativitätstechniken und -kombinationen gerüstet.

Exemplarisch wurden zwei verschiedene browserbasierte Clients entwickelt: ein Client für Desktop Browser sowie ein spezieller Client für mobile Browser. Der Client für Desktop Browser ist als Rich-Internet-Application (RIA) auf Basis von AJAX implementiert. Divergente Prozessphasen werden als virtuelles Whiteboard dargestellt, auf das die Teilnehmer Ideen in Form von Karteikarten ablegen. Bearbeitet ein Teilnehmer eine Idee, wird diese für die anderen Teilnehmer für Änderungen gesperrt, was diesen durch ein Benutzerportrait links neben der gesperrten Idee angezeigt wird. In den konvergenten Prozessphasen werden die Ideen in einer Liste angeordnet. Die Problembeschreibung wird in allen Phasen am oberen Rand des Bildschirms angezeigt. Weitere Funktionen (z.B. Übersicht der aktuellen Teilnehmer an dieser Phase, Bilder hochladen etc.) sind über eine Toolbar am unteren Bildschirmrand zugänglich. Abbildung 6.2 zeigt eine divergente und eine konvergente Phase im Desktop Browser Client. Über den Desktop Browser Client können die Benutzer auch neue Kreativitätssitzungen anlegen. Dazu definieren Sie zunächst die Problemstellung und wählen dann aus einer Liste von in der Datenbank abgelegten Kreativitätstechniken eine Technik für den divergenten Prozessschritt und optional eine weitere für den konvergenten Prozessschritt.

Der Client für mobile Browser ist an die Besonderheiten von mobilen Endgeräten wie den erheblich kleineren Bildschirm sowie die beschränkten Eingabemöglichkeiten angepasst. Ideen werden grundsätzlich in einer kompakten Listenansicht angezeigt, die zunächst nur die Nummer der Idee sowie ihren Titel darstellt. So können die Benutzer am mobilen Endgerät schneller einen Überblick über die momentan in der Phase existierenden Ideen bekommen als es mit einer Whiteboard-Darstellung möglich wäre. Durch Auswahl einer existierenden Idee oder durch Neuanlage gelangt man in die Detailansicht.

Erst in der Detailansicht wird der gesamte Inhalt einer Idee sichtbar. Über die Detailansicht können Teilnehmer in divergenten Phasen neue Ideen anlegen, den Inhalt einer Idee ändern sowie Ideen löschen. In konvergenten Phasen können die Ideen bewertet werden. Abbildung 6.3 zeigt Prozessphasen der selben Sitzung wie Abbildung 6.2 im mobilen Browser Client.

Die Hessian-Schnittstelle wurde im Rahmen des Forschungsprojekts "Open-I. Innovation im Unternehmen"[6] erfolgreich zur Kopplung von *IdeaStream* und der auf PHP basierenden Community-Plattform *Elgg*[7] eingesetzt. In diesem Zusammenspiel können Teilnehmer von Community-Gruppen gemeinsam Kreativitätssitzungen durchführen. *IdeaStream* bezieht dabei die Benutzerinformationen aus dem *Elgg*-System. Die zur Teilnahme an einer Sitzung berechtigten Personen ergeben sich automatisch aus der Zusammensetzung einer Community-Gruppe. Auch die Problemstellung kann direkt von einem in der Community diskutierten Problem übernommen werden, so dass zum Anlegen der Sitzung nur noch die Wahl der Kreativitätstechnik(en) notwendig ist.

Die Durchführung der Phasen des Prozesses erfolgt im Desktop Browser-Client, der per Iframe in die umgebende *Elgg*-Seite eingebunden wurde. Die Ergebnisse werden auf Wunsch automatisch ins *Elgg*-System übertragen und können dort organisiert und weiterbearbeitet werden. Dabei wird die Versionshistorie von *IdeaStream* genutzt, um automatisch festzustellen, welcher der Community-Mitgliedern an den jeweiligen Ideen mitgewirkt hat.

Auch eine Anbindung eines interaktiven Multitouch-Tisch-Interfaces über Hessian wurde experimentell erprobt. Das Interface basiert auf einer in C++ implementierten Multitouch-Software-Architektur, die an der TU München Informatik am Lehrstuhl für Informatikanwendungen in der Medizin & Augmented Reality entwickelt wurde [EK08]. Über das Interface können mehrere Teilnehmer an einem großen interaktiven Tisch gemeinsam an den Prozessphasen einer Kreativitätssitzung teilnehmen (vgl. Abbildung 6.4). Die Ideen werden ähnlich wie beim virtuellen Whiteboard des Desktop Browser-Clients als Karteikarten visualisiert.

Die Interaktion mit den Benutzern erfolgt nicht über Maus und Tastatur, sondern durch Fingergesten auf dem Bildschirm des Tisch-Interfaces. Die Ideen befinden sich standardmäßig in der Mitte des Tisches und können von den Teilnehmern zu sich herangezogen werden. Da die Benutzer sich an beliebigen Stellen des Tisches postieren können, muss bei dieser Benutzerschnittstelle auch ein Rotieren der Ideen vorgesehen werden, damit die Ideeninhalte für den jeweiligen Benutzer gut lesbar sind.

Zur Eingabe von Texten hat jeder Benutzer seine eigene virtuelle Tastatur, die ebenfalls drehbar ist. Damit die Aktionen am Tisch immer den richtigen Benutzern zugeordnet

[6] Open-I, `http://www.open-i.org`. (Stand: 01.10.2009)
[7] Elgg, Curverider Inc., `http://www.elgg.org`. (Stand: 01.10.2009)

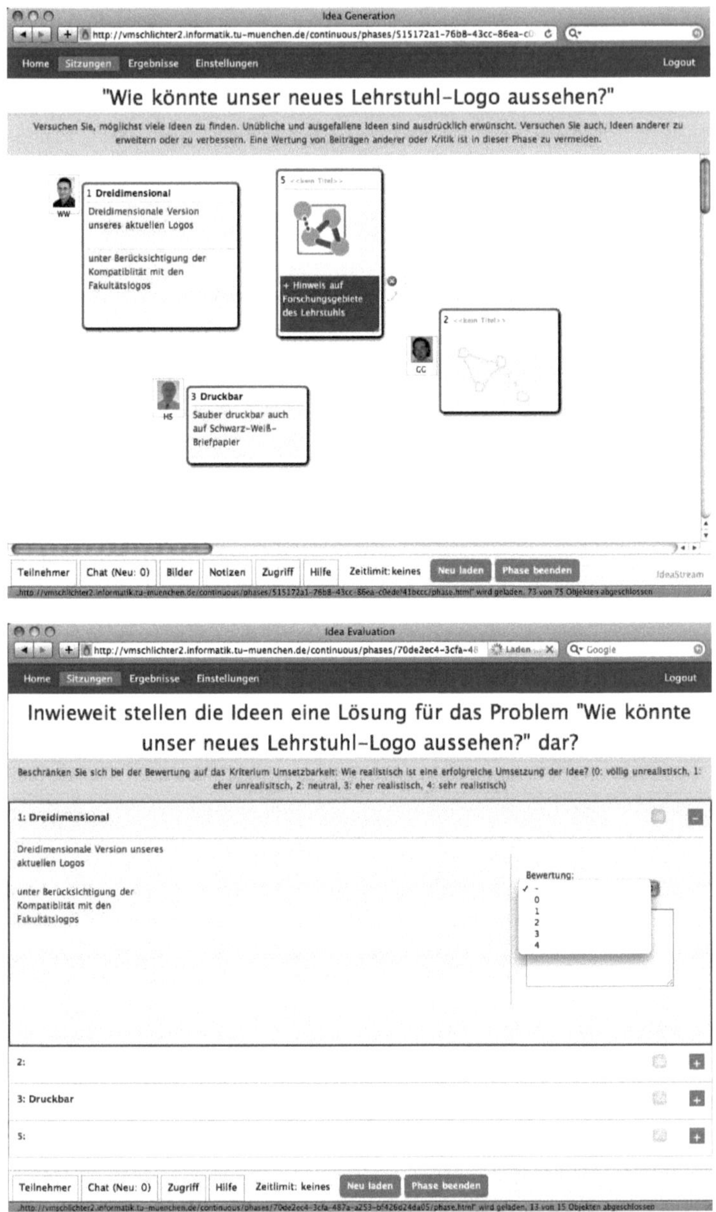

Abbildung 6.2: Divergente und konvergente Phase im Desktop Browser-Client.

Abbildung 6.3: Divergente Phase (Detailansicht) und konvergente Phase (Listenansicht) im mobilen Browser-Client.

werden können, gibt es für jeden Benutzer noch eine Toolscheibe, mit der er dem System seine nächste Aktionen (z.B. eine neue Idee anlegen oder den Inhalt von Ideen bearbeiten) ankündigt. Er zieht dabei das entsprechende Symbol seiner Toolscheibe an die gewünschte Position auf dem Tisch. Beispielsweise erzeugt ein Druck auf die Glühbirne der Toolscheibe mit anschließendem Bewegen des Fingers in einen freien Bereich des Tisches an der Stelle, an der der Benutzer seinen Finger wieder hebt, eine neue Idee. Ein Druck auf das Mülleimersymbol mit anschießendem Ziehen des Fingers zu einer existierenden Idee löscht die Idee wieder vom Tisch. Über die Toolscheibe können auch weitere Information wie z.B. die Problemstellung abgerufen werden. Diese kann wegen der Orientierungsproblematik nicht einfach fest an einer Stelle des Tisches angezeigt werden.

6.1.3 Beispiel

Abschließend soll verdeutlicht werden, wie eine typische Kreativitätssitzung im generischen CSS *IdeaStream* ablaufen kann. Dies erfolgt wieder anhand der bereits in Kapitel 4 als Beispiel dienenden Kreativitätstechnik "Morphologische Analyse". Das Beispiel orientiert sich eng am Ablauf des Kreativitätsprozesses aus Abbildung 4.10. Als Client dient der Desktop Browser. Die Ausgangssituation des Beispiels war eine Möbelfirma, die mit Hilfe der morphologischen Analyse Ideen über die Ausgestaltung eines neuartigen Tisches generieren möchte.

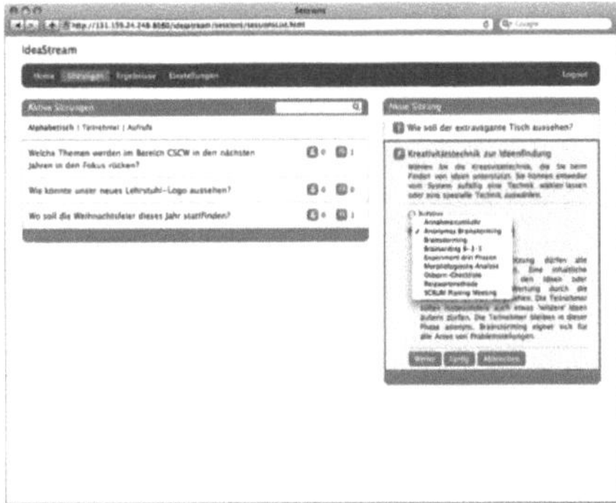

Zunächst wird dazu eine neue Sitzung zur Problemstellung "Wie soll der extravagante Tisch aussehen?" angelegt. Nach Eingabe der Problemstellung kann aus der Liste der in der Datenbasis hinterlegten Prozessschablonen zur Ideengenerierung die "morphologische Analyse" gewählt werden. Ein Klick auf *Fertig* legt die Sitzung schließlich als öffentliche Sitzung im System an.

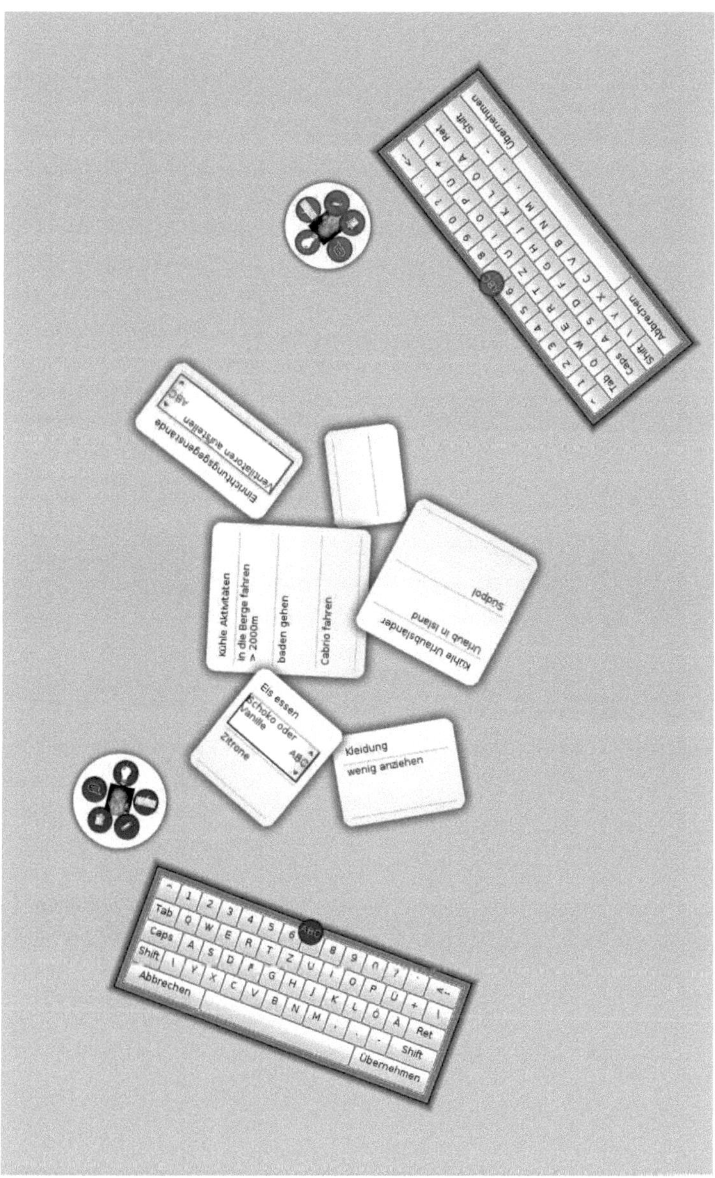

Abbildung 6.4: Divergente Phase am interaktiven Multitouch-Tisch-Interface.

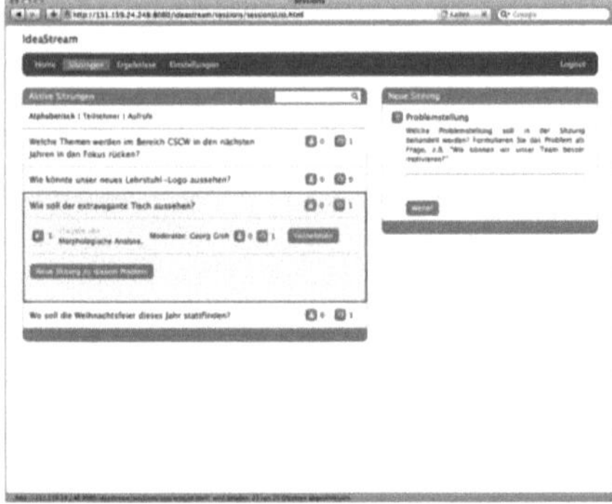

Nachdem die Sitzung angelegt wurde, erscheint sie unmittelbar in der Liste der aktiven Sitzungen bei allen potenziellen Teilnehmern. Durch einen Klick auf *Teilnehmen* gelangen die Benutzer direkt zur ersten Phase des Kreativitätsprozesses der Sitzung. Die Texte neben den Symbolen links vom "Teilnehmen"-Knopf zeigen an, wie viele Benutzer momentan in der jeweiligen Sitzung aktiv sind bzw. wie oft die Sitzung bisher aufgerufen wurde.

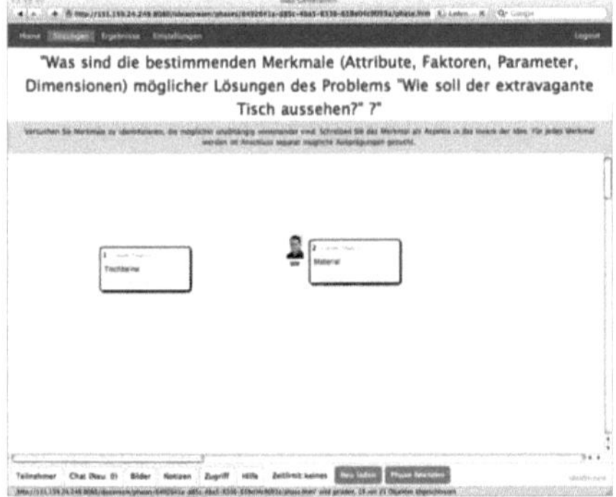

Im konkreten Fall der morphologischen Analyse bekommen die Teilnehmer in der ersten Phase eine redefinierte Problemstellung zu sehen, bei denen sie gebeten werden, die bestimmenden Merkmale möglicher Lösungen des Ursprungsproblems zu beschreiben. Durch Doppelklick auf die Whiteboard-Fläche legen sie neue Ideen an und schreiben die Parameter "Tischbeine" und "Material" als Text hinein.

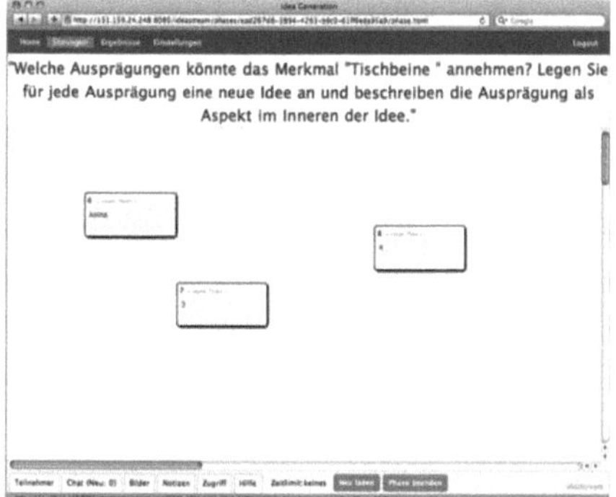

Nachdem der Moderator die erste Phase durch Klick auf *Phase beenden* beendet hat, wird für jedes Ergebnis (jede Idee) dieser Phase eine Folgephase erzeugt. Den Teilnehmern werden diese Phasen nacheinander angezeigt. Im Bild links werden die Teilnehmer also zunächst aufgefordert, mögliche Ausprägungen des Merkmals "Tischbeine" zu finden, und haben dazu die Ideen "keine", "3" und "4" angelegt.

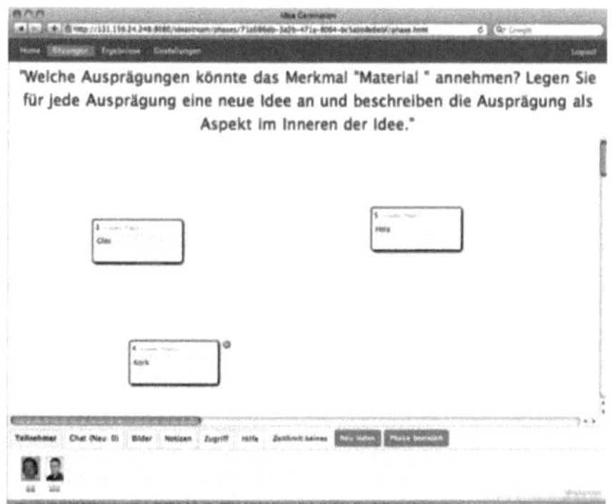

In der dritten Phase müssen die Teilnehmer Ausprägungen zur zweiten Idee aus Phase 1 ("Material") finden. Die Teilnehmer legen Ideen mit dem Inhalt "Glas", "Kork" und "Holz" an. Nach Beendigung der Phase wurden für alle Merkmale aus Phase 1 Ausprägungen generiert.

In der letzten Phase wird nun erstmals die ursprüngliche Problemstellung bearbeitet. Als Startideen dienen die Merkmale, die die Teilnehmer in den Phasen 2 und 3 generiert haben. Sie werden ihnen von Anfang an - sozusagen als Bausteine für neue Ideen - angezeigt.

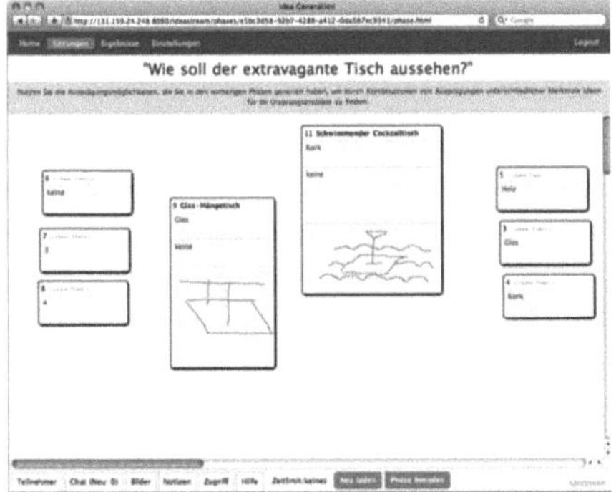

Durch Drag-und-Drop der Aspekte der Merkmalsideen können neue Ideen komponiert werden. Hier im Beispiel der Glastisch, der ohne Beine auskommt, weil er an der Decke befestigt wurde (Idee 9), oder ein schwimmender Korktisch (Idee 11). Da die morphologische Analyse keine Einschränkungen hinsichtlich Ideenrepräsentation vorgibt, können die Teilnehmer hier auch Skizzen hinzufügen, wie im Bild links zu sehen.

Nach Beendigung der letzten Phase ist der Kreativitätsprozess der Sitzung und damit die Sitzung selbst beendet. Durch die Wahl einer anderen Kreativitätsprozessschablone sind beliebige weitere divergente Phasen zur Ideengenerierung oder eine anschließende Bewertung der generierten Ideen mit einer Evaluationstechnik möglich.

Das generische CSS *IdeaStream* zeigt, dass der in dieser Arbeit vorgestellte Ansatz zur Unterstützung kollaborativer Kreativitätsprozesse in einem konkreten CSS umgesetzt werden kann. Durch das einheitliche Prozessmodell aus Kapitel 4 können zahlreiche Kreativitätstechniken und deren Kombinationen mit dem System durchgeführt werden. Die Einbettung des Modells in eine Architektur gemäß des in Kapitel 5 beschriebenen Konzepts ermöglicht darüber hinaus die flexible Anbindung unterschiedlicher Clients. Die Heterogenität der implementierten Clients unterstreicht die Flexibilität des Ansatzes.

6.2 Studie

Nachdem im vorangegangenen Abschnitt die technische Realisierbarkeit des in der Arbeit vorgestellten Ansatzes zur Unterstützung von kollaborativen Kreativitätsprozessen im Vordergrund stand, geht es an dieser Stelle darum, die Praxistauglichkeit des Ansatzes zu erörtern. Dazu wurde eine empirische Studie durchgeführt, deren Ablauf und Ergebnisse im Folgenden dargestellt und diskutiert werden. Die Studie wurde in Kooperation mit dem Lehrstuhl für Psychologie der TU München durchgeführt und hatte auch zum Ziel, die Wirkung verschiedener Motivationsstimuli explorativ zu untersuchen. Auf den psychologischen Teil der Studie wird im Weiteren nicht mehr eingegangen, da er für die Evaluierung des in dieser Arbeit vorgestellten Konzepts irrelevant ist.

Der Studie gingen mehrere Akzeptanztests von *IdeaStream* im Rahmen der Entwicklung des Systems voraus. Die Akzeptanztests erfolgten zum einen intern mit Mitarbeitern des Lehrstuhls, zum anderen auch in Kooperation mit der Interface AG[8] als externem Partner [FW09]. Im Rahmen einer Studienarbeit konnte die Usability des Systems nach der Anwendung zweier Usability-Testmethoden (Thinking-Aloud und Fokusgruppen) weiter verbessert werden [Bri09]. Diese Tests halfen dabei, einen gewissen Reifegrad der Umsetzung sicherstellen zu können und damit die Beeinflussung der Studienergebnisse durch Design- und Implementierungsfehler zu verringern.

6.2.1 Beschreibung

In der Studie wurden Gruppen beim Kreativitätsprozess mit Computerunterstützung sowie ohne eine Computerunterstützung (Referenzgruppe) untersucht.

Gruppen mit Computerunterstützung

An dem computerunterstützten Teil der Studie beteiligten sich 78 Personen (79 % Männer, 21 % Frauen). Das Durchschnittsalter der Teilnehmer betrug 22 Jahre. Bei der überwiegenden Mehrheit der Teilnehmer handelte es sich um Informatikstudenten. Die Teilnehmer waren mit der Benutzung von PCs im Allgemeinen (96 % der Teilnehmer verbringen

[8]Interface AG, `http://www.interface-ag.de`. (Stand: 01.10.2009)

mehr als eine Stunde pro Tag vorm PC) und Internet-Browsern im Speziellen (91 % der Teilnehmer verbringen mehr als eine Stunde pro Tag im Web) vertraut. Bereits Erfahrungen mit Kreativitätstechniken hatten 31 % der Beteiligten. Konkret wurden hier aber ausschließlich Brainstorming und Mindmapping genannt. Bereits erste Erfahrungen mit einem CSS hatten nur 14 % der Teilnehmer. Diese bezogen sich zum allergrößten Teil auf Mindmapping-Anwendungen. Ein Teilnehmer nannte das Bildbearbeitungsprogramm Photoshop, ein weiterer das kollaborative Designtool Conceptshare.

Die Teilnehmer wurden zufällig in Gruppen eingeteilt. Durch das Nichterscheinen einiger Personen ergaben sich unterschiedliche Gruppenstärken (9 Gruppen mit vier Personen, 12 Gruppen mit drei Personen sowie 3 Gruppen mit zwei Personen; 24 Gruppen insgesamt). Für die Durchführung der Studie befanden sich die Gruppenmitglieder gemeinsam in einem Computerraum. Jeder Teilnehmer saß dabei vor einem eigenen PC und nutzte *IdeaStream* über das Desktop Browser-Interface. Die Interaktion und Kommunikation der Gruppe durfte ausschließlich über *IdeaStream* erfolgen, insbesondere war es den Teilnehmern untersagt, während der Studie miteinander zu sprechen.

Im Rahmen der Studie beschäftigten sich die Teilnehmer in einem kollaborativen Kreativitätsprozess mit der Frage, wie man die Studiengebühren sinnvoll nutzen könnte. Als Ablaufvorgabe für den Kreativitätsprozess diente eine kombinierte Prozessschablone, in der Vorgaben für drei divergente Prozesse (mit jeweils einer Prozessphase) und für einen konvergenten Prozess (mit zwei Prozessphasen) enthalten waren. Für jede Prozessphase wurde eine Zeitbegrenzung von 10 Minuten festgelegt. Die Schablonen für die divergenten Prozesse waren im Einzelnen:

1. Brainstorming. Der erste divergente Prozess lief gemäß den Brainstorming-Prinzipien ab. Die Teilnehmer wurden daher durch einen entsprechenden Hinweis in der Problembeschreibung aufgefordert, sich auch auf etwas "wildere" Ideen einzulassen, sowie die Ideen der anderen Teilnehmer aufzugreifen und weiterzuentwickeln. Die Bewertung oder Kommentierung der Ideen, wie sie beim Brainstorming ja explizit untersagt wird, ist im Prozessmodell in divergenten Phasen ohnehin grundsätzlich nicht möglich.

2. Reizwortmethode. Beim zweiten divergenten Prozess wurden den Teilnehmern drei willkürlich gewählte problemfremde Reizwörter vorgegeben (Rasenmäher, Wasser, Weltall), mit denen sie weitere Ideen zum Problem generieren sollten. Um die Vergleichbarkeit der Ergebnisse zu gewährleisten wurden die Reizwörter also vor Sitzungsbeginn definiert und nicht - wie sonst bei dieser Technik üblich - von der Gruppe im Laufe der Sitzung selbst vorgeschlagen.

3. Ideenkombination. Beim dritten divergenten Prozess sollten die Teilnehmer versuchen, die Ideen aus den zwei vorhergehenden Prozessen neuartig zu verknüpfen.

Beim konvergenten Prozess wurden die Ideen hinsichtlich der Kriterien Kreativität und Umsetzbarkeit auf einer fünfstufigen Skala bewertet. Zusätzlich waren auch textuelle Kommentare möglich. Jedes Kriterium wurde in einer separaten konvergenten Prozessphase abgefragt, so dass insgesamt zwei konvergente Prozessphasen nacheinander durchgeführt wurden. Den schematischen Ablauf der Kreativitätssitzung verdeutlicht Abbildung 6.5.

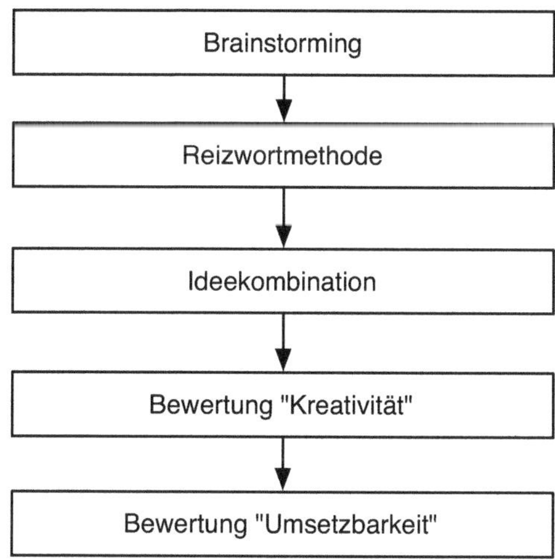

Abbildung 6.5: Schematischer Ablauf des Kreativitätsprozesses der Studie.

Abbildung 6.6 zeigt die Formalisierung dieser Prozessvorgaben auf Basis der Prozessschablonen des einheitlichen Prozessmodells. Die Elemente 4,5,6 beschreiben den Brainstormingprozess, die Elemente 7,8,9 die Reizwortmethode, die Elemente 2,3,10 die Ideenkombination und die Elemente 11,12 die Ideenbewertungen hinsichtlich Kreativität und Umsetzbarkeit.

Die zentrale Idee des in dieser Arbeit beschriebenen Ansatzes zur Unterstützung kollaborativer Kreativitätsprozesse liegt in der Definition eines einheitlichen Prozessmodells, nach dem alle Kreativitätsprozesse aus Abfolge von konvergenten und divergenten Prozessphasen mit jeweils einer Reihe von bestimmenden Funktionsmustern verstanden werden können (vgl. Kapitel 4). Bei der praktischen Evaluation dieses Ansatzes in der Studie musste darauf geachtet werden, einen die zentrale Idee des Ansatzes widerspiegelnden

Prozessablauf zu definieren. Die durchgeführten Kreativitätsprozesse wurden so gewählt, dass ein recht breites Spektrum an Funktionsmustern abgedeckt werden konnte, ohne dass der Prozess dadurch zu kompliziert bzw. zu langatmig wurde. Die drei divergenten Prozesse decken verschiedene möglichen Eingabetransformationen für divergente Prozesse ab (Brainstorming: keine Transformation, Reizwortmethode: Stimuli, Ideenkombination: Startideen). Der konvergente Prozess stützt sich auf das Funktionsmuster "Kriterien" als Eingabetransformation, sowie "Scoring" (Werte von 0 bis 4) und "Kommentare" als Ausgabetransformation . Auf die Definition verschiedener Szenarien für die konvergenten Phasen wurde aus Zeitgründen verzichtet. Bei allen Phasen wurde ein Zeitlimit von 10 Minuten (600 Sekunden) als Ausgabetransformation definiert.

Vor Beginn der eigentlichen Kreativitätssitzung bekamen die Teilnehmer von der Versuchsleiterin eine Einführung in die Bedienung von *IdeaStream*. Im Anschluss führten sie eine etwa zehnminütige Übungssitzung über ein sinnfreies Testproblem durch. Der Prozess der Übungssitzung bestand aus einer divergenten und einer konvergenten Phase, die jeweils mit Standardparametern konfiguriert waren.

Durch die vollständige Versionierung der Ideenobjekte wurde sichergestellt, dass alle Aktivitäten der Teilnehmer im Nachhinein chronologisch und benutzerbezogen analysiert werden konnten. Nach Beendigung der Kreativitätssitzung wurde von den Teilnehmern ein umfangreicher Fragebogen ausgefüllt.

Gruppen ohne Computerunterstützung

24 Personen (87 % Männer, 13 % Frauen) führten im Rahmen der Studie den Kreativitätsprozess aus Abbildung 6.5 ohne Computerunterstützung durch. Bei den Teilnehmern handelte es sich, wie bei den Gruppen mit Computerunterstützung, zum größten Teil um Informatikstudenten. Das Durchschnittsalter betrug ebenfalls 22 Jahre. Nur ein Teilnehmer hatte bereits Erfahrungen mit Kreativitätstechniken. Die Personen wurden zufällig auf 3 Vierergruppen und 4 Dreiergruppen aufgeteilt. Jede Gruppe führte einen Kreativitätsprozess nach der in Abbildung 6.5 visualisierten Kreativitätstechnikenfolge zur Problemstellung "Wie könnte man die Studiengebühren sinnvoll einsetzen?" mit traditionellen Mitteln durch. Um das in Kapitel 3 erwähnte Problem der Produktionsblockaden durch verbale Ideenäußerungen auszuschalten, aber auch um zu große Spielräume bei der späteren Auswertung zu vermeiden, durften die Ideen ausschließlich in schriftlicher Form (mit Stift und Papier) geäußert werden. Verbale Diskussionen waren nicht erlaubt.

Während des Kreativitätsprozesses saßen die Teilnehmer mit dem Gesicht zu einer Tafel

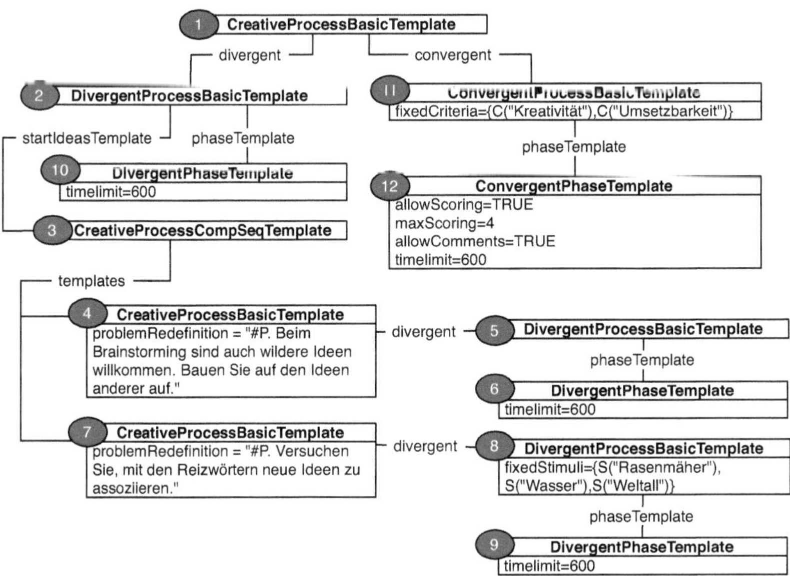

Abbildung 6.6: Modellierung der in der Studie verwendeten Kreativitätstechnik als Prozessschablonen des einheitlichen Prozessmodells.

auf einem Stuhl. Jeder Teilnehmer hatte einen Satz von Klebezetteln sowie einen Filzstift, um seine Ideen aufschreiben zu können. Die Teilnehmer wurden instruiert, bei einem Einfall die Idee auf einen Klebezettel zu notieren und diesen dann an der Tafel zu befestigen. Damit dieser Prozess möglichst unkompliziert ablaufen konnte, wurde der Tisch, der den Teilnehmern als Schreibunterlage diente, nicht vor, sondern hinter den Stühlen positioniert (vgl. Abbildung 6.7). Die Tafel bietet den Teilnehmer also einen laufenden Überblick aller von der Gruppe zu einem Zeitpunkt vorgeschlagener Ideen und ist für diese auch bequem zugänglich. Vor Beginn des Kreativitätsprozesses sowie nach Ablauf jeder Phase wurden die Teilnehmer vom Versuchsleiter über den Ablauf der nächsten Kreativitätsprozessphase instruiert. Die erste und die zweite divergente Phase (Brainstorming bzw. Reizworttechnik) liefen nach der oben beschriebenen Methode ab.

In der dritten divergenten Phase, bei der Ideen der vorherigen zwei Phasen neuartig kombiniert werden sollten, stellte sich das Problem, dass jede Idee auf der Tafel physisch nur einmal vorhanden ist, und dies bei einer Rekombination der Ideen an der Tafel durch die Teilnehmer dazu führen würde, dass keine Idee Teil von mehr als einer neuartigen Kombinationen sein könnte, was ganz klar eine unerwünschte Einschränkung darstellt. Um diese Einschränkung zu vermeiden wurden die Ideen nach Ende der zweiten divergenten Phasen vom Versuchsleiter durchnummeriert. Die Teilnehmer wurden dann gebeten, in der dritten divergenten Phase auf die Klebezettel zu schreiben, welche bereits formulierten Ideen sie für ihre neue Idee kombiniert haben und die Kombination mit ein paar Worten zu beschreiben. Anschließend sollten sie den Zettel wie gewohnt an die Tafel heften.

In den konvergenten Phasen konnte jeder Teilnehmer die in den drei divergenten Phasen generierten Ideen getrennt in Bezug auf Kreativität und Umsetzbarkeit auf einer fünfstufigen Skala bewerten. Ein entsprechendes Formular wurde ihnen jeweils zu Beginn der Phase ausgehändigt. Zum Abschluss des Kreativitätsprozesses wurden die Teilnehmer gebeten, einen Fragebogen auszufüllen.

6.2.2 Ergebnisse

Nach Beendigung der Studie wurden die Kreativitätssitzungen der computerunterstützten Gruppen sowie der Gruppen ohne Computerunterstützung in Bezug auf die Ideenanzahl und die Ideenbewertungen analysiert sowie die jeweiligen Fragebögen ausgewertet. Die Ergebnisse werden im Folgenden präsentiert und im Anschluss diskutiert.

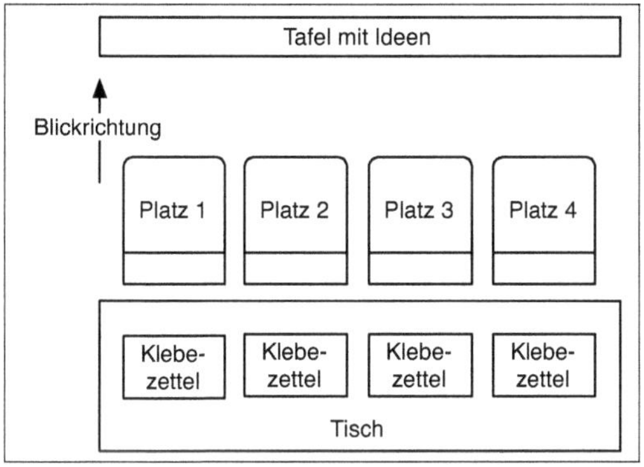

Abbildung 6.7: Raumsituation und Material für die Gruppen ohne Computerunterstützung.

Ideenanzahl

Für jede Gruppe wurden die von den Teilnehmern insgesamt generierten Ideen zu drei Zeitpunkten bestimmt, nämlich nach der ersten (Brainstorming), zweiten (Reizwortmethode) und dritten (Ideenkombination) divergenten Phase. Da sich durch die konvergenten Phasen die Ideenanzahl nicht mehr ändert, entspricht die Ideenanzahl nach der dritten divergenten Phase auch der des gesamten Kreativitätsprozesses. Um die Ergebnisse zwischen den Gruppen verschiedener Größe vergleichbar zu machen, wurde die Ideenquantität durch Division mit der Anzahl der Personen in der Gruppe normiert. Die Ergebnisse zeigen die Tabellen 6.1 und 6.2, die anschließend in Kapitel 6.2.3 diskutiert werden.

Tabelle 6.1: Durchschnittliche Ideenanzahl der computerunterstützten Gruppen am Ende der divergenten Phasen des Kreativitätsprozesses.

	Mittelwert	Median
Ideenanzahl pro Person nach Brainstormingphase	8,14	8,50
Ideenanzahl pro Person nach Reizwortphase	12,67	12,00
Ideenanzahl pro Person nach Ideenkombinationsphase	12,87	13,00

Ideenbewertungen

In der Studie bewerteten die Teilnehmer in den zwei konvergenten Phasen des Kreativitätsprozesses die Ideen ihrer Gruppe aus den divergenten Phasen einzeln hinsichtlich

Tabelle 6.2: Durchschnittliche Ideenanzahl der Gruppen ohne Computerunterstützung am Ende der divergenten Phasen des Kreativitätsprozesses.

	Mittelwert	Median
Ideenanzahl pro Person nach Brainstormingphase	5,80	5,75
Ideenanzahl pro Person nach Reizwortphase	8,81	8,33
Ideenanzahl pro Person nach Ideenkombinationsphase	12,38	13,00

Kreativität und Umsetzbarkeit auf einer fünfstufigen Skala. Um das Kriterium "Kreativität" zu bewerten, wurden die Teilnehmer in der dazugehörigen Prozessphase gefragt, wie kreativ / innovativ sie die Ideen einschätzen würden. Sie hatten dazu die Optionen "überhaupt nicht kreativ (0)", "eher nicht kreativ (1)", "neutral (2)", "eher kreativ (3)" und "sehr kreativ (4)" zur Auswahl. Um das Kriterium "Umsetzbarkeit" zu bewerten wurden die Teilnehmer in der dazugehörigen Prozessphase gefragt, wie realistisch sie eine erfolgreiche Umsetzung der Idee einschätzen würden. Sie hatten dazu die Optionen "völlig unrealistisch (0)", "eher unrealistisch (1)", "neutral (2)", "eher realistisch (3)" und "sehr realistisch (4)" zur Auswahl.

Neben diesen gruppeninternen Ideenbewertungen wurden die Ideen der computerunterstützten Gruppen im Anschluss von vier Mitarbeitern des Lehrstuhls, die nicht an der Studie teilgenommen hatten, separat voneinander nach demselben Modus bewertet. Für die Gruppen ohne Computerunterstützung wurden diese Werte nicht zusätzlich erhoben. Die Ergebnisse der internen und - für den Fall der computerunterstützten Gruppen auch der externen - Bewertungen zeigen die Tabellen 6.3 und 6.4.

Tabelle 6.3: Ideenbewertungen der computerunterstützten Gruppen.

	Mittelwert	Median	Stdabw. σ
Bewertung Kreativität (Gruppenintern)	2,10	2,00	0,89
Bewertung Umsetzbarkeit (Gruppenintern)	2,39	3,00	1,08
Bewertung Kreativität (Extern)	2,15	2,00	0,60
Bewertung Umsetzbarkeit (Extern)	2,10	3,00	0,92

Tabelle 6.4: Ideenbewertungen der Gruppen ohne Computerunterstützung.

	Mittelwert	Median	Stdabw. σ
Bewertung Kreativität (Gruppenintern)	2,41	3,00	1,01
Bewertung Umsetzbarkeit (Gruppenintern)	1,80	2,00	0,92

Fragebogen

Nach Beendigung der Kreativitätssitzung mit *IdeaStream* wurden die Teilnehmer der computerunterstützten Gruppen gebeten, einen Fragebogen auszufüllen, bei dem sie ihre Zustimmung zu 27 Aussagen auf einer siebenstufigen Skala zum Ausdruck bringen konnten. Die ersten drei Skalenwerte standen dabei für eine Ablehnung der Aussage (starke Ablehnung, mittlere Ablehnung, schwache Ablehnung), der vierte Skalenwert entsprach einer neutralen Einstellung, und die letzten drei Werte standen für eine Zustimmung zur Aussage (schwache, mittlere, starke Zustimmung). Bei der Auswertung wurden den Skalenwerten die Zahlenwerte -3,-2,-1,0,1,2,3 zugeordnet, so dass negative Werte einer Ablehnung und positive Werte einer Zustimmung entsprechen. In Tabelle 6.5 sind die Ergebnisse des Fragebogens zusammengefasst.

Tabelle 6.5: Auswertung des Fragebogens für computerunterstützte Gruppen.

Nr.		Mittelwert	Median
1	Durch den Einsatz unterschiedlicher Kreativitätstechniken bin ich auf Lösungsideen gekommen, die mir sonst wahrscheinlich nicht eingefallen wären.	0,03	0,00
2	Durch das kooperative Arbeiten in der Gruppe bin ich auf Lösungsideen gekommen, die mir sonst wahrscheinlich nicht eingefallen wären.	1,82	2,00
3	Der Einsatz unterschiedlicher Kreativitätstechniken hat sich insgesamt positiv auf die Sitzungsergebnisse ausgewirkt.	0,96	1,00
4	Die Kombination von Ideengenerierungs- und -bewertungsphasen hat sich positiv auf die Sitzungsergebnisse ausgewirkt.	0,40	1,00
5	Der Wechsel zwischen verschiedenen Kreativitätstechniken fiel mir leicht.	1,32	2,00
6	Das gemeinsame, gleichzeitige Arbeit an Ideen empfand ich als positiv.	2,17	3,00
7	Mich hat es gestört, dass andere auch meine Ideen ändern konnten.	-1,60	-2,00
8	Die Computerunterstützung hat dazu geführt, dass die Sitzungen effektiver waren.	1,15	1,50
9	Die Computerunterstützung hat dazu geführt, dass ich aktiver an den Sitzungen teilgenommen habe.	1,17	1,50

10	Durch die Computerunterstützung wurden die Ideen und Meinungen aller Teilnehmer gerechter berücksichtigt als es ohne eine Computerunterstützung der Fall gewesen wäre.	1,50	2,00
11	Durch die Computerunterstützung ist der Sitzungsablauf künstlich kompliziert geworden.	-0,99	-1,00
12	Mich hat es gestört, dass durch die Bindung an einen PC meine Bewegungsfreiheit eingeschränkt war.	-1,41	-2,00
13	Die Möglichkeit, mit den anderen Benutzern an einem einzigen großen Display zusammenarbeiten zu können, wäre eine sinnvolle Erweiterung.	0,79	1,00
14	Die Möglichkeit, mit den anderen Benutzern mit Hilfe eines mobilen Geräts (z.B. Smartphone) zusammenarbeiten zu können, wäre eine sinnvolle Erweiterung.	0,23	0,50
15	IdeaStream ist einfach zu bedienen.	1,96	2,00
16	Die Kreativitätssitzungen mit IdeaStream haben mir Spaß gemacht.	1,68	2,00
17	Ich wusste während einer Sitzung immer, was ich zu tun habe.	2,03	2,00
18	IdeaStream hat mich von meiner eigentlichen kreativen Aufgabe abgelenkt.	-1,37	-2,00
19	IdeaStream hat mich in meiner Kreativität eingeschränkt.	-1,23	-2,00
20	Ich konnte meine Ideen in IdeaStream so darstellen/beschreiben wie ich es wollte.	0,62	1,00
21	IdeaStream hat unserer Gruppe geholfen, ein besseres Ergebnis zu erzielen.	0,92	1,00
22	IdeaStream hat unserer Gruppe geholfen, mehr Ideen zu produzieren.	1,79	2,00
23	IdeaStream hat uns mehr Aufwand als Nutzen gebracht.	-1,19	-1,50
24	Ich kann mir vorstellen, IdeaStream auch für andere Probleme/in anderen Situationen einzusetzen.	1,04	1,00
25	Ich kann mir vorstellen, IdeaStream auch alleine einzusetzen.	-1,63	-2,00

26	Ich kann mir vorstellen, IdeaStream auch mit räumlich verteilten Gruppen einzusetzen.	2,10	3,00

Auch die Teilnehmer aus den Gruppen ohne Computerunterstützung beantworteten nach Abschluss des Kreativitätsprozesses einen Fragebogen. Der Fragebogen enthielt diejenigen Fragen aus dem Fragebogen der computerunterstützten Gruppen, die auch für die Situation ohne Computerunterstützung zutreffend sind. So mussten z.B. Fragen zur verteilten Nutzung oder zum Aufwand-/Nutzenverhältnis der Computerunterstützung wegfallen, da eine solche ja in diesen Gruppen nicht gegeben wurde. Die Nummerierung, die Skalenwerte und die Normierung entsprechen zur besseren Vergleichbarkeit ebenfalls der Auswertung des Fragebogens für die computerunterstützten Gruppen. Die Ergebnisse sind in Tabelle 6.6 aufgelistet.

Tabelle 6.6: Auswertung des Fragebogens für Gruppen ohne Computerunterstützung.

Nr.		Mittelwert	Median
1	Durch den Einsatz unterschiedlicher Kreativitätstechniken bin ich auf Lösungsideen gekommen, die mir sonst wahrscheinlich nicht eingefallen wären.	0,30	0,00
2	Durch das kooperative Arbeiten in der Gruppe bin ich auf Lösungsideen gekommen, die mir sonst wahrscheinlich nicht eingefallen wären.	1,00	1,50
3	Der Einsatz unterschiedlicher Kreativitätstechniken hat sich insgesamt positiv auf die Sitzungsergebnisse ausgewirkt.	0,83	1,00
4	Die Kombination von Ideengenerierungs- und -bewertungsphasen hat sich positiv auf die Sitzungsergebnisse ausgewirkt.	0,40	0,00
5	Der Wechsel zwischen verschiedenen Kreativitätstechniken fiel mir leicht.	1,70	2,00
6	Das gemeinsame, gleichzeitige Arbeit an Ideen empfand ich als positiv.	2,00	2,00
7	Mich hat es gestört, dass andere auch meine Ideen ändern konnten.	-1,04	-2,00
16	Die Kreativitätssitzungen haben mir Spaß gemacht.	1,39	1,00
17	Ich wusste während einer Sitzung immer, was ich zu tun habe.	2,43	3,00

6.2.3 Diskussion

Die Studie hat gezeigt, dass mit einem auf dem in dieser Arbeit vorgestellten einheitlichen Prozessmodell basierenden CSS eine Durchführung von Kreativitätsprozessen, die sich aus verschiedenen klassischen Kreativitätstechniken zusammensetzen, in der Praxis möglich ist. Am Ende des Prozesses stand jeweils eine Menge von bewerteten Ideen zu der anfänglichen Problemstellung.

Ideenanzahl

Die Teilnehmer generierten sowohl mit als auch ohne Computerunterstützung in den divergenten Phasen des Prozesses eine beachtliche Menge an Ideen. Die meisten Ideen wurden in der ersten Phase bei der Kreativitätstechnik Brainstorming generiert (Computerunterstützt: Mittelwert 8,14 / Median 8,50 pro Person; ohne Computerunterstützung: Mittelwert 5,80 / Median 5,75). Die Gruppen mit Computerunterstützung hatten zu diesem Zeitpunkt also bereits gut 30 % mehr Ideen generiert als die Referenzgruppen ohne Computerunterstützung.

In der zweiten Phase, die gemäß der Reizworttechnik ablief, erhöhte sich die Ideenanzahl in beiden Fällen um ca. 30 %, zum Ende dieser Phase hatten die computerunterstützten Teilnehmer damit 12,67 (Schnitt) bzw. 12,00 (Median) Ideen pro Teilnehmer generiert, während die Teilnehmer ohne Computerunterstützung erst 8,14 (Schnitt) bzw. 8,5 (Median) Ideen pro Teilnehmer formuliert hatten.

Die dritte divergente Phase hatte bei den computerunterstützten Gruppen schließlich auf die Ideenanzahl keinen großen Einfluss mehr, am Ende der Phase hatten hier die Teilnehmer 12,87 (Mittelwert) bzw. 13,00 (Median) Ideen erzeugt. Dies lässt sich darauf zurückführen, dass bei der Ideenkombinationstechnik, nach deren Prinzip diese Phase ablief, Ideen aus den vorherigen Phasen zu neuen Ideen verknüpft werden sollen. Im Desktop Browser-Client von *IdeaStream* ist dieses Verknüpfen durch Zusammenziehen von Ideenkarten mit der Maus umgesetzt. Im Standardfall werden die zu fusionierenden Ideen zu einer neuen Ideen zusammengefasst und die Einzelideen dann automatisch entfernt. Die Benutzer können durch Drücken einer zusätzlichen Taste die Ideen aber auch zusammenkopieren, so dass die ursprünglichen Ideen erhalten bleiben. Die Auswertung der Logdateien zeigte allerdings, dass dies nur in sehr seltenen Fällen erfolgte. In einigen Gruppen nahm damit die Ideenanzahl durch die dritte Phase im Vergleich zur zweiten Phase daher sogar leicht ab. Im Sinne einer wünschenswerten Maximierung der Ideenanzahl in divergenten Phasen liegt es nahe, das Standardverhalten beim Zusammenführen von Ideen auf die Kopiersemantik festzulegen. Dass der letzte Prozessschritt die Ideenanzahl tatsächlich erhöhen kann, zeigte die Referenzgruppe: dort wurde die Ideenkombination durch Notation der Ideennummern von zwei zu kombinierenden Ideen jeweils auf einem neuen Klebezettel formuliert, so dass die ursprünglichen Ideen aus den zwei vorhergehenden Phasen unverändert blieben. In diesem Fall konnte durch die dritte divergente Phase noch eine signifikante Steigerung der Ideenanzahl auf 12,38 (Schnitt) bzw. 13,00 (Median) erreicht werden, so dass am Ende beide Gruppen praktisch gleich viele Ideen generieren konnten.

In Bezug auf die Ideenquantität legen die Studienergebnisse nahe, dass die computerunterstützte Form des Kreativitätsprozesses auf Basis des generischen CSS der traditionellen Form zumindest ebenbürtig ist. In den ersten zwei Phasen wurden durch in den computerunterstützten Gruppen deutlich mehr Ideen generiert. Die schlechteren Werte der computerunterstützten Gruppen in der dritten divergenten Phase lassen sich mit dem Standardverhalten der Benutzerschnittstelle erklären, bei der Ideenfusion die ursprünglichen Ideen vom Whiteboard zu entfernen. Da das einheitliche Prozessmodell keinen Einfluss auf die konkrete Implementierung der Benutzerschnittstelle haben kann, ist dies allerdings nicht dem Modell anzulasten.

Ideenbewertungen

Bevor die Qualität der Ideen aus der Studie diskutiert wird, soll zunächst auf die heikle Frage der Bestimmung der Qualität von Ideen im Allgemeinen eingegangen werden. Osborn propagiert eine recht einfache Logik, nach der die Ideenquantität auch als ein indirektes Maß für die Ideenqualität verstanden werde könne, da ein mehr an Ideen automatisch die Wahrscheinlichkeit erhöht, dass darin auch mehr gute Ideen enthalten sind. Es ist demnach nicht notwendig, die Ideenqualität zu bestimmen. Die entscheidende Kennzahl ist die Ideenquantität [Osb93]. Reinig et. al weisen jedoch darauf hin, dass sich nur wenige Forscher dieser Argumentation anschließen [RBN07]. Die Bestimmung der Qualität von Ideen erfolgt in den meisten Fällen explizit durch subjektive, menschliche Beurteilungen, konkret durch die Zuweisung von Zahlenwerten (Scoring). In der Regel wird die Qualität dabei nicht als Ganzes bewertet. Die Bewertung erfolgt vielmehr über bestimmte vorgegebene Kriterien wie Umsetzbarkeit, Kreativität, Effektivität oder auch den zu erwarteten finanziellen Mehrwert, der durch die Implementierung einer Idee generiert werden könnte. Da sich bisher kein Kriterium bzw. keine Kriterienkombination als Standardverfahren durchsetzen konnte, bleibt die Wahl der Kriterien letztlich immer bis zu einem gewissen Grad willkürlich und nur argumentativ zu verteidigen. In der hier diskutierten Studie wurden, wie auch z.B. bei [DS91], die Kriterien Kreativität und Umsetzbarkeit gewählt. Der Zusammenhang zwischen der Ideenqualität und den Kriterien ist nachvollziehbar, da Ideen sowohl kreativ als auch umsetzbar sein sollten, um als qualitativ gute Ideen bezeichnet werden zu können. Ideen, die nur einem Kriterium entsprechen, würde man sicher als weniger wertvoll erachten, und Ideen, die weder kreativ noch umsetzbar sind, können getrost als qualitativ schlecht bezeichnet werden. Die Bewertung der eigenen Ideen durch die Gruppenmitglieder war Teil des Kreativitätsprozesses der Studie. Die nachträgliche Bewertung durch Externe, die für die Ideen der computerunterstützten Gruppen noch zusätzlich durchgeführt wurde, dient als Vergleichsmaßstab, um dem Bedenken entgegengetreten zu können, dass die Gruppenmitglieder ihre eigenen Ideen womöglich nicht mit der notwendigen Neutralität beurteilen könnten.

Bei den computerunterstützten Gruppen weisen die gruppeninternen und die externen Bewertungen in Hinblick auf den Mittelwert und den Median eine starke Übereinstimmung auf. Der Mittelwert ist dabei ziemlich genau der neutrale Skalenpunkt mit einer leichten Tendenz zur positiven Seite. Der Vergleich der Standardabweichungen zeigt, dass die Scoringwerte der Teilnehmer stärker um den Mittelwert gestreut sind als die der externen Beurteiler. Letztere bewerten also hinsichtlich beider Kriterien mehr Ideen als durchschnittlich, während erstere mehr Ideen als tendenziell gut aber auch mehr Ideen als tendenziell schlecht erachten. In beiden Fällen schneidet aber gut die Hälfte der Ideen hinsichtlich mindestens eines Kriteriums als zumindest neutral ab. Vergleich man die Ideenbewertungen zwischen den computerunterstützten Gruppen und den Gruppen ohne Computerunterstützung zeigt sich, dass letztere etwas kreativere Ideen generiert haben (Schnitt: 2,10 : 2,41, Median: 2,00 : 3,00), erstere aber ihre Ideen tendenziell als umsetzbarer erachteten (Mittelwert: 2,39 : 1,80; Median: 3,00 : 2,00). Die Differenzen sind allerdings in beiden Fällen zu gering um statistische Signifikanz zu beanspruchen. Die annähernd gleiche Ideenqualität der Prozessergebnisse der Studie aus beiden Gruppen sind ein weiterer Hinweis darauf, dass der Kreativitätsprozess im generischen CSS geeignet abgebildet werden konnte.

Fragebogen

Obwohl die steigende Ideenanzahl nach den verschiedenen Phasen einen anderen Schluss zulässt, waren die Teilnehmer aus beiden Gruppen unentschieden in Bezug auf die Frage, ob der Wechsel der Kreativitätstechniken ihnen zu neuen Ideen verholfen habe (Frage 1: mit Computerunterstützung Mittelwert 0,03; Median 0,00 / ohne Computerunterstützung Mittelwert: 0,30; Median 0,0 bei Skala von -2 ... +2). Interessanterweise sehen die Teilnehmer aber für das Gesamtergebnis des Prozesses durchaus einen positiven Einfluss durch den Technikwechsel (3: 0,96; 1,00 / 0,83; 1,00). In Anbetracht der neutralen Bewertung der Frage 1 scheinen die Teilnehmer also der Meinung zu sein, dass sie selbst jeweils zwar auch ohne einen Technikwechsel auf ihre Ideen gekommen wären, schätzen jedoch, dass der Wechsel zumindest den anderen Teilnehmern genutzt hat. Die Kombination von Ideengenerierungs- und Ideenbewertungsphasen wird neutral mit leichter Tendenz zu positiv beurteilt (4: 0,40; 1,00 / 0,40; 0,00). Dies Zurückhaltung in dieser Frage mag auch teilweise der Studiensituation geschuldet sein, bei der die relativ zeitintensive Bewertung aller Ideen nach zwei verschiedenen Kriterien den Teilnehmern keinen praktischen Vorteil mehr gebracht hat. In einem konkreten Anwendungsfall, bei der tatsächlich über die Realisierung von Ideen entschieden werden muss, spielt die Integration der Ideenbewertung vermutlich für die Beteiligten eine größere Rolle. Die starke Meinungsübereinstimmung der Teilnehmer aus beiden Gruppen legt nahe, dass der Prozess sehr ähnlich wahrgenommen wurde und ist ein weiteres Indiz dafür, dass der Prozess im einheitlichen Kreativitätsprozessmodell geeignet abgebildet wurde.

Der Wechsel zwischen den verschiedenen Techniken fiel den Teilnehmern aus beiden Gruppen überwiegend leicht (5: 1,32; 2,00 / 1,70; 2,00). Für die Teilnehmer ohne Computerunterstützung sind diese Werte im Anbetracht der Tatsache, dass sie von einem menschlichen Moderator instruiert und geleitet wurden, wenig überraschend. Die computerunterstützten Gruppen wurden allerdings mit einer für sie bisher nicht bekannten Anwendungssoftware konfrontiert und bezogen den Großteil der Prozessführung über den "unpersönlichen" Computer. Trotzdem fanden sie sich in den verschiedenen Techniken praktisch ebenso gut zurecht wie die Referenzgruppe. Eine mögliche Ursache dafür lässt sich in der Eigenschaft des einheitlichen Prozessmodells sehen, das alle Kreativitätsprozesse als Folge von divergenten und konvergenten Phasen beschreibbar macht. Es ist zur Benutzung eines darauf aufbauenden Systems also ausreichend, die Interaktion mit dem System mit einer gegebenen Client-Oberfläche in einer divergenten und einer konvergenten Phase zu verstehen. Dies wurde in der Studie durch die Einführung und die zehnminütige Übungssitzung erreicht und durch die Umfrageergebnisse bestätigt, wobei fast die sehr hohen Werte der Gruppen ohne Computerunterstützung erreicht wurden (17: 2,03; 2,00 / 2,43; 3,00).

Dabei ist allerdings zu berücksichtigen, dass die Teilnehmer aus den computerunterstützten Gruppen der Studie als erfahren im Umgang mit Computerprogrammen eingestuft werden müssen. Bei weniger erfahrenen Benutzern kann die Lernphase natürlich wesentlich länger dauern. Trotzdem bleibt die "Stoffmenge" auf die Bedienung des Systems in den divergenten und konvergenten Phasen beschränkt. Mit diesen Kenntnissen lassen sich dann beliebige, auf dem einheitlichen Prozessmodell basierende Kreativitätstechniken durchführen. Als weiterer wichtiger Parameter in Bezug auf die Bedienbarkeit ist darüber hinaus noch die verwendete Client-Oberfläche zu nennen. Der in der Studie eingesetzte Desktop Browser-Client von *IdeaStream* wurde von den Teilnehmern in diesem Punkt sehr positiv bewertet (15: 1,96; 2,00).

Besonders überzeugt waren die Studienteilnehmer vom kollaborativen Aspekt des Kreativitätsprozesses. Allgemein bewerteten sie die gemeinsame Zusammenarbeit an den Ideen als überaus positiv (6: 2,17; 3,00 / 2,00; 2,00). Die Teilnehmer waren der Meinung, dass die anderen Gruppenmitglieder ihnen dadurch als wichtige Ideengeber dienen konnten, wobei hier die Teilnehmer aus den computerunterstützten Gruppen deutlicher zustimmen konnten als diejenigen ohne Computerunterstützung (2: 1,82; 2,00 / 1,00; 1,50). Die Tatsache, dass die Ideen auf dem Whiteboard von allen Teilnehmern gleichermaßen verändert und erweitert werden können, unabhängig davon, wer die Idee ursprünglich vorgeschlagen hatte, stellt für die Teilnehmer in der Mehrheit kein Problem dar (7: -1,60; -2,00 / -1,04; -2,00). Im Einklang mit den Erfahrungen aus anderen Studien (vgl. Kapitel 3.3) waren die Teilnehmer der computerunterstützten Gruppen auch der Ansicht, dass die Computerunterstützung des Kreativitätsprozesses dazu geführt habe, dass die Ideen und Meinungen aller Teilnehmer gerechter berücksichtigt wurden als es ohne eine solche Unterstützung der Fall gewesen wäre (10: 1,50; 2,00).

Allgemein waren die Teilnehmer der Meinung, dass die Computerunterstützung des Prozesses eine aktivere Teilnahme bewirkt habe (8: 1,15; 1,50), und dass ihnen die Durchführung des Kreativitätsprozesses mit dem System Spaß gemacht habe - die Teilnehmer aus der Referenzgruppe vergaben hier etwas niedrigere Werte (16: 1,68; 2,00 / 1,39; 1,00). Die allgemeine Bedeutung dieser "weicheren" Faktoren ist - auch vor dem Hintergrund des in Abschnitt 3.3.2 erwähnten Akzeptanzproblems für Kreativitätsunterstützungssysteme in der Praxis - nicht zu unterschätzen.

Aber auch in Bezug auf die "härteren" Faktoren Ideenquantität und -qualität sahen die Teilnehmer Vorteile in der Computerunterstützung. Dabei war die Zustimmung zu der sich auf die Ideenquantität beziehende Aussage, dass die Gruppe durch die Nutzung von *IdeaStream* mehr Ideen produzieren konnte (22: 1,79; 2,00) allerdings entschiedener als zu der sich auf die Ideenqualität beziehende Aussage, dass die Gruppe durch *IdeaStream* insgesamt ein besseres Ergebnis erzielen konnte (21: 0,92; 1,00). Dies mag auch damit zusammenhängen, dass durch die Benutzung eines CSS die Hemmschwelle der Teilnehmer fällt, auch etwas "wildere" Ideen zu äußern, was zunächst zu einer größeren Anzahl an meist nicht direkt sinnvollen Ideen führt. Diese Ideen können im Verlauf des Prozesses aber als "mentales Sprungbrett" dienen, und schließlich doch noch zu ein paar neuen wertvollen Ideen anregen. Im Nachhinein ist es allerdings schwierig, diese assoziativen Zusammenhänge zu rekapitulieren, weshalb die Bedeutung der "wilderen" Sprungbrett-Ideen auf das Ergebnis leicht unterschätzt werden kann. Insgesamt bewerten die Teilnehmer die Computerunterstützung der Kreativitätssitzung überwiegend als effektiv (8: 1,15; 1,50).

Die Computerunterstützung von Prozessen, wie sie im CSS *IdeaStream* umgesetzt ist, macht eine intensive Mensch-Computer-Interaktion notwendig, die gewisse negative Faktoren wie eine erhöhte Komplexität, einen hohen Grad an Formalisierung sowie Ablenkung von der Kernaufgabe im Vergleich zur traditionellen Prozessdurchführung mit sich bringen kann. Die Teilnehmer lehnten allerdings die Aussage, dass die Computerunterstützung den Sitzungsablauf künstlich verkompliziert habe, tendenziell ab (11: -0,99; -1,00). Die relativ schwache Ablehnung kann aber als Warnsignal gewertet werden, die Komplexität nicht weiter zu erhöhen. Deutlich klarer verneinten die Teilnehmer die Aussagen in Bezug auf die Ablenkung von der Kernaufgabe (18: -1,37; -2,00) sowie die etwaige Einschränkung der Kreativität durch die Systembenutzung (19: -1,23; -2,00). Die Zufriedenheit mit der Ausdrucksstärke des Ideenmodells war allerdings nicht besonders groß (20: 0,62; 1,00). Möglicherweise hing dies zumindest teilweise auch mit technischen Problemen bei der Zeichenfunktionalität zusammen. Trotzdem wäre es für Folgestudien interessant, die Bedürfnisse hinsichtlich der Ideenexplikation genauer zu erforschen , und diese Erkenntnisse für die Erweiterung des Ideenmodells zu nutzen. Alles in allem war der Großteil der Teilnehmer der Ansicht, dass bei der Benutzung von *IdeaStream* die genannten negativen Aspekte die positiven Aspekte nicht überwogen haben (23: -1,19, -1,50).

Bezüglich der Möglichkeiten, den Kreativitätsprozess mit alternativen Benutzerschnittstellen durchzuführen, äußerten sich die Teilnehmer eher zurückhaltend. Während die gemeinsame Durchführung einer Sitzung an einem einzigen großen Display noch tendenziell als erstrebenswert erachtet wurde (13: 0,79;1,00) war die Meinung zur Sinnhaftigkeit einer Interaktion mit mobilen Endgeräten eher neutral (14: 0,23;0,50). Dazu stimmig ist die deutliche Verneinung der Aussage, dass durch die Bindung an den PC das Gefühl einer Bewegungseinschränkung entstanden sei (12: -1,41; -2,00). Bei der Interpretation dieser Daten ist zu beachten, dass die Teilnehmer in der Studie nur den Web Browser-Client zur Verfügung hatten und daher die Frage nach den anderen Benutzerschnittstellen nur hypothetischer Natur war. Es ist darüber hinaus anzunehmen, dass bei anderen Rahmenbedingungen, als sie in der Studie vorgeherrscht haben, potentielle Vorteile der alternativen Benutzerschnittstellen deutlicher zum Vorschein treten würden. So ist der Vorteil einer mobilen Schnittstelle bei der Collective Notebook-Technik, bei der über einen langen Zeitraum von oft mehreren Wochen überwiegend asynchron Ideen gesammelt werden, ersichtlicher als bei dem stark getakteten synchronen Prozess, der für die Studie gewählt wurde.

Ein großer Vorteil des in dieser Arbeit vorgestellten Ansatzes zur Unterstützung von Kreativitätsprozessen ist die Möglichkeit, generische und damit flexiblere CSS entwerfen zu können. Diese Flexibilität wird auch von den Studienteilnehmern gesehen, so dass sie sich gut vorstellen können, *IdeaStream* auch in anderen Situationen und für andere Probleme einzusetzen (24: 1,04; 1,00). Insbesondere wird hier die Nutzung in räumlich verteilten Gruppen als geeignetes Nutzungsszenario erachtet (26: 2,10; 3,00). Die Teilnehmer können sich allerdings kaum vorstellen, die Anwendung auch für individuelle Kreativitätsprozesse zu nutzen (25: -1,63; 2,00). Letzteres steht sicher auch im Zusammenhang mit dem als überaus positiv wahrgenommenen kollaborativen Arbeiten, das dadurch natürlich wegfallen würde. Vor dem Hintergrund der Effektivität von nominellen Gruppen bei Kreativitätsprozessen ist prinzipiell aber zu erwarten, dass die Benutzer auch bei der individuellen Nutzung des Systems von den Vorgaben der Kreativitätstechniken profitieren können.

6.3 Zusammenfassung

In diesem Kapitel wurde zunächst eine technische Umsetzung der in Kapitel 5 beschriebenen Architektur eines generischen Kreativitätsunterstützungssystems im CSS *IdeaStream* präsentiert, mit der unterschiedliche Kreativitätstechniken mit verschiedenen Client-Benutzeroberflächen durchgeführt werden können. Die Praxistauglichkeit der Lösung wurde im Rahmen einer Studie evaluiert. Die Teilnehmer verwendeten dabei *IdeaStream* erfolgreich, um einen aus mehreren klassischen Kreativitätstechniken kombinierten Kreativitätsprozess durchzuführen. Sie generierten und bewerteten dabei eine beträchtliche Menge an Ideen. Der Vergleich mit einer Referenzgruppe ohne Computerunterstützung zeigte, dass die Ergebnisse als ebenbürtig zu einer traditionellen Durchführung eines Kreativitätsprozesses mit einem Moderator anzusehen sind, was auf eine geeignete Modellierung des Kreativitätsprozesses im einheitlichen Kreativitätsprozessmodell schließen lässt. Durch die Antworten auf dem anschließenden Fragebogen konnten auch qualitative Rückschlüsse auf das System gezogen werden. Diese bestätigten mehrheitlich das Potenzial des vorgestellten Ansatzes, zeigen aber auch Ansätze für weitere Forschungsarbeiten auf, beispielsweise in Richtung verschiedener Benutzerschnittstellen oder der Benutzung als individuelles CSS.

7 Schlussfolgerung und Ausblick

7.1 Zusammenfassung

Ausgangspunkt der vorliegenden Arbeit war die Kritik an der mangelnden Flexibilität aktueller Ansätze zur Computerunterstützung kollaborativer Kreativitätsprozesse.

Basierend auf den theoretischen Grundlagen zur Unterstützung von Kreativitätsprozessen wurde der Bogen gespannt von den abstrakten Modellen des Kreativitätsprozesses aus der psychologischen Forschung bis hin zu den konkrete Handlungsanweisungen gebenden Kreativitätstechniken. Erstere zeichnen ein stimmiges Gesamtbild des Kreativitätsprozesses, können aber wegen des hohen Abstraktionsgrads nur wenig Informationen darüber liefern, wie Individuen oder Gruppen konkret während des Prozesses unterstützt werden können. Letztere geben zur Unterstützung klare Handlungsanweisungen, allerdings fehlt den zahllosen, meist von Praktikern vorgeschlagenen Kreativitätstechniken ein gemeinsamer Überbau, der für eine einheitliches Prozessverständnis notwendig wäre. Die wenigen bislang von der Forschung unternommenen Strukturierungsversuche weisen in dieser Richtung verschiedene Unzulänglichkeiten auf.

Als nächster Schritt wurden Kreativitätsunterstützungssysteme beschrieben. Nach Klärung der Grundbegriffe wurde aufgezeigt, dass das allgemeine Prinzip der Computerunterstützung von Kreativitätsprozessen in der Prozessstrukturierung liegt, die sich für konkrete CSS meist aus einer Kreativitätstechnik ableitet. Der Nutzen einer einheitlichen Modellierung des Kreativitätsprozesses, mit der die verschiedenen von den Kreativitätstechniken implizierten Prozesse und deren Kombinationen abgebildet werden können, wurde dadurch unmittelbar augenscheinlich. Weiterhin wurde beschrieben, wie ein CSS kollaborative Kreativitätsprozesse durch Vermeidung von negativen Gruppeneffekten (Konformitätsdruck, Trittbrettfahrerproblem, Produktionsblockaden) zusätzlich unterstützen kann. Aus der Forschungsliteratur in den Bereichen CSCW, GSS und CSS wurden weitere Designprinzipien für CSS abgeleitet, die es bei der Gestaltung eines CSS zu berücksichtigen gilt. Vor dem Hintergrund der diskutierten verschiedenen Prozessmodelle und Kreativitätstechniken trat bei der Vorstellung einiger typischer existierender Systeme deren fehlende Flexibilität deutlich hervor.

Als Lösungsansatz wurde ein einheitliches Modell des Kreativitätsprozesses vorgeschlagen. In der Prozessanalyse wurde dabei zunächst aus den Implikationen der psychologischen Kreativitätsprozessmodelle ein rahmenbildendes Phasenmodell abgeleitet. Um dieses Modell zu präzisieren, wurden 40 verschiedene Kreativitätstechniken dahingehend untersucht, welche Vorgaben sie bedingen und welche Einschränkungen sie auf die Phasen des Kreativitätsprozesses haben (Funktionsmuster der Kreativitätstechniken). Damit wurde in dieser Arbeit erstmals ein Brückenschlag zwischen den abstrakten psychologischen Prozessmodellen und den durch Kreativitätstechniken vorgegebenen Prozessen vollzogen und daraus ein einheitliches Modell des Kreativitätsprozesses formuliert, in dem die für eine Unterstützung wesentlichen Elemente abgebildet werden. Das Modell kann als eine erste Antwort auf die von Bostrom und Nagasundaram geforderten "component structures und mechanisms" [BN98] des Kreativitätsprozesses verstanden werden. Durch das Konzept der Prozessschablonen wurde darüber hinaus auch eine Modellierung für Kreativitätstechniken als Vorgaben für Kreativitätsprozessabläufe präsentiert. Die für einen Einsatz in einem CSS notwendige Formalisierung aller notwendigen Prozesselemente sowie der Prozessschablonen wurde ebenfalls gegeben.

Unter Berücksichtigung der Designprinzipien für CSS wurde anschließend eine Softwaresystemarchitektur beschrieben, die auf dem einheitlichen Prozessmodell für Kreativitätspro-zesse aufbaut und damit eine generische Unterstützung für Kreativitätsprozesse umsetzt. Mit diesem Ansatz lassen sich eine schier unbegrenzte Anzahl verschiedener Kreativitäts-prozessabläufe (basierend auf beliebigen Kreativitätstechnik-Kombinationen) durchführen. Ein darauf aufsetzendes CSS kann also wesentlich flexibler - an die konkrete Situation angepasst - eingesetzt werden, als es mit bisherigen Systemen der Fall ist. Im Zuge der Softwarearchitektur wurden auch weitere wichtige Entitäten wie Benutzer, Personen und Ideen modelliert. Das vorgestellte Ideenmodell ist dabei kompatibel mit allen Kreativitätsprozessen des einheitlichen Prozessmodells und damit auch mit allen untersuchten Kreativitätstechniken.

Abschließend wurde eine Implementierung der Softwarearchitektur im generischen CSS *IdeaStream* gezeigt. Durch die Anbindung verschiedener Clients (Desktop Webbrowser, mobiler Webbrowser, interaktiver Multi-Touch-Tisch), mit denen wiederum verschiedene Interaktionsformen umgesetzt werden können, wurde die Flexibilität der Lösung unterstrichen. Die Ergebnisse einer Studie, in der eine aus mehreren bekannten Techniken kombinierte Kreativitätstechnik zum Einsatz kam, konnte schließlich noch die Praxistauglichkeit des vorgestellten Ansatzes untermauern.

7.2 Ausblick

Die Ergebnisse der Arbeit bieten eine ganze Reihe von interessanten Anknüpfungspunkten, von denen drei im Folgenden genauer erläutert werden.

Recommendersystem für Kreativitätstechniken

Die Eignung einer Kreativitätstechnik für eine Kreativitätssitzung hängt von vielen verschiedenen Faktoren wie dem Problemtyp oder der Teamzusammensetzung ab. Das in der Arbeit vorgestellte Modell für Prozessschablonen ermöglicht es, Kreativitätstechniken als variable Parameter einer Kreativitätssitzung zu betrachten. Beim Anlegen einer Sitzung kann also eine als geeignet erscheinende Technik gewählt werden. Ist im System keine passende Technik vorhanden, könnte sogar eine maßgeschneiderte Technik modelliert werden. Allerdings ist die Auswahl der Technik in der Regel ein nicht unproblematischer Vorgang, da die Eignung einer Technik von unerfahrenen Benutzern ex ante kaum abgeschätzt werden kann. Eine konsistente Theorie zur Wahl einer passenden Kreativitätstechnik, auf die an dieser Stelle zurückgegriffen werden könnte, existiert bisher nicht.

Die Integration eines Recommendersystems könnte helfen, den Anwendern das Wahlproblem zu erleichtern. Dabei könnte die Eignung einer Technik nach Beendigung einer Sitzung explizit von den Teilnehmern bewertet werden. Zusätzlich könnte das Recommendersystem auf die Prozessergebnisse zurückgreifen und die erzielte Ideenquantität sowie Ideenqualität anhand der Bewertungen in konvergenten Phasen in die Berechnungen einfließen lassen. Diese Informationen wären dann nutzbar, um beim Anlegen einer Sitzung diejenigen Techniken vorzuschlagen, die bei (z.B. hinsichtlich Teilnehmerzusammensetzung, -anzahl oder Problemtyp) ähnlichen Sitzungen in der Vergangenheit bereits erfolgreich zum Einsatz kamen.

Einfluss von Benutzerschnittstellen

Ein andere Forschungsrichtung stellen die unterschiedlichen Benutzerschnittstellen für das generische CSS dar. Dadurch, dass sich alle Clients auf das gemeinsame Phasenmodell des einheitlichen Prozessmodells stützen und die Teilnehmer auch gleichzeitig mit verschiedenen Interfaces in einer Sitzung arbeiten können, eignet sich das System besonders gut für ceteris paribus Untersuchungen. Auf der Grundlage des vorgestellten generischen CSS lassen sich Fragen, wie beispielsweise ob sich manche Kreativitätstechniken besser für den verteilten Einsatz eignen als andere, oder für welche Techniken eine Teilnahme über mobile

Clients besonders sinnvoll ist, gut untersuchen. Alternativ könnte der Frage nachgegangen werden, ob die Client-Schnittstelle bei gleichem Kreativitätsprozess einen Einfluss auf die Prozessergebnisse (Anzahl oder Art der Ideen) hat.

Beitragsmessung in Kreativitätssitzungen

In der in dieser Arbeit vorgestellten Architektur wird das CSS-Designprinzip der Datenhistorie durch die konsequente Versionierung aller Ideenbeiträge während der Kreativitätssitzungen umgesetzt. Jeder Version wird darüber hinaus dem Benutzer zugeordnet, der die die Versionierung ausgelöste Aktion ausgeführt hat. So lässt sich der Ablauf einer Kreativitätssitzung stets komplett rekonstruieren.

Eine interessante Fragestellung ist es, inwieweit die benutzerbezogene Datenhistorie zur automatisierten Beitragsmessung genutzt werden kann. Es wäre beispielsweise sicher eine überaus wertvolle Information, wenn das System am Ende einer Sitzung anzeigen könnte, welcher Teilnehmer wie stark an einer Idee beteiligt war. Statt einer absoluten Skala wäre hier wohl eine relative Skala besonders zweckmäßig, aus der sich dann Aussagen wie "diese Idee wurde zu gleichen Teilen von Benutzer1 und Benutzer2 entwickelt" ableiten ließen. Bei der Gewichtung der Aktionen für den Beitragswert eines Benutzers an einer Idee ist es naheliegend, Aktionen, die die Semantik der Idee stärker verändern auch höher zu gewichten als diejenigen, die die Semantik weniger beeinflussen. So ist beispielsweise plausibel anzunehmen, dass eine Änderung des beschreibenden Ideentitels einen geringeren Beitragswert nach sich ziehen sollte als eine Änderung an den die Idee darstellenden Aspekten.

Allerdings könnte die Beitragsmessung auch schnell an die Grenzen des maschinellen Semantikverstehens stoßen, so wenn versucht werden soll, den Grad der semantischen Änderung zwischen zwei textuellen Aspekten zu bestimmen. Während die Ideen "Arbeitszeit verkürzen" und "Die Mitarbeiter sollten nicht mehr so lange im Büro bleiben müssen" für einen menschlichen Beurteiler als semantisch äquivalent beurteilt werden könnten, ist die gleiche Beurteilung durch einen Algorithmus mit den heutigen Möglichkeiten wohl kaum zu erreichen.

Zusammenfassend lässt sich festhalten, dass das in dieser Arbeit vorgestellte formale Prozessmodell sowohl als Grundlage für flexiblere Kreativitätsunterstützungssysteme als auch als solide Basis zur Ergründung einer ganzen Reihe von weiteren interessanten Fragestellungen dienen kann.

Literaturverzeichnis

[Adr89] ADRIANI, Brigitte: *Hurra, ein Problem: Kreative Lösungen im Team.* Gabler, 1989

[Ama83] AMABILE, Teresa M.: *The social psychology of creativity.* Springer, 1983

[Ama96] AMABILE, Teresa M.: *Creativity in Context.* Westview Press, 1996

[BHB+08] BARCIA, Roland ; HAMBRICK, Geoffrey ; BROWN, Kyle ; PETERSON, Robert ; BHOGAL, Kulvir S.: *Persistence in the Enterprise: A Guide to Persistence Technologies.* Prentice Hall International, 2008

[BHS07] BUSCHMANN, Frank ; HENNEY, Kevlin ; SCHMIDT, Douglas C.: *Pattern-Oriented Software Architecture: A Pattern Language for Distributed Computing.* Wiley, 2007

[BN98] BOSTROM, Robert P. ; NAGASUNDARAM, Murli: Research in Creativity and GSS. In: *Proceedings of the 31. Hawaii International Conference on System Sciences*, IEEE Computer Society, 1998, S. 391–405

[Bod99] BODEN, Margaret A.: Computer Models of Creativity. In: STERNBERG, Robert J. (Hrsg.): *Handbook of Creativity.* Cambridge University Press, 1999, Kapitel 18, S. 351–372

[Bod03] BODEN, Margaret: *The Creative Mind: Myths and Mechanisms.* 2. Routledge, 2003

[Bon93] BONO, Edward: *Serious Creativity: Using the Power of Lateral Thinking to Create New Ideas.* HarperBusiness, 1993

[BPSB00] BASADUR, Min ; PRINGLE, Pam ; SPERANZINI, Gwen ; BACOT, Marie: Collaborative Problem Solving Through Creativity in Problem Definition: Expanding the Pie. In: *Creativity and Innovation Management* 9 (2000), Nr. 1, S. 54–76

[Bra86] BRAEHM, Harald: *Brain Floating. Neue Methoden der Problemlösung und Ideenfindung.* Langenmüller, 1986

[Bri09] BRION, Jessica: *Analyse, Identifizierung und Evaluierung von Usability Konzepten bei Rich Internet Applications. Bachelorarbeit Informatik, Technische Universität München.* 2009

[Bro98] BRODBECK, Karl-Heinz: Ist Kreativität erlernbar? In: *Praxis-Perspektiven* 3 (1998), S. 87–92

[Bro06] BRODBECK, Karl-Heinz: Neue Trends in der Kreativitätsforschung. In: *Psychologie in Österreich* 4&5 (2006), S. 245–253

[Bru08] BRUNNER, Anne: *Kreativer denken. Konzepte und Methoden von A-Z.* Oldenbourg Wissenschaftsverlag, 2008

[BS98] BORGHOFF, Uwe ; SCHLICHTER, Johann: *Rechnergestützte Gruppenarbeit.* 2. Springer, 1998

[CA69] COLLAROS, P.A. ; ANDERSON, L.R.: Effect of perceived expertness upon creativity of members of brainstorming groups. In: *Journal of Applied Psychology* 53 (1969), S. 159–163

[Cam06] CAMPO, Christian: Bremse oder Gaspedal: Web Services manchmal besser ohne SOAP? In: *Java Magazin* 11 (2006), S. 98–106

[CCG+06] CARTE, Traci A. ; CHIDAMBARAM, Laku ; GARFIELD, Monica J. ; HICKS, Lindsey ; COLE, Cassie: Group Creativity and Collaborative Technologies: Understanding the Role of Visual Anonymity. In: *12th International Workshop on Groupware CRIWG*, 2006, 12-21

[CJV90] CONNOLLY, T. ; JESSUP, L. M. ; VALACICH, J. S.: Effects of anonymity and evaluative tone on idea generation in computer-mediated groups. In: *Management Science* 36 (1990), Nr. 6, S. 689–703

[Csi97] CSIKSZENTMIHALYI, Mihaly: *Kreativität.* Klett-Cotta, 1997

[Don00] DONDERS, Paul: *Kreative Lebensplanung: Entdecke deine Berufung. Entwickle dein Potential- beruflich und privat.* Schulte und Gerth, 2000

[DR04] DENNIS, A.R. ; REINICKE, B.: Beta vs. VHS and the Acceptance of Electronic Brainstorming Technology. In: *MIS Quarterly* 28 (2004), S. 1–20

[DS87] DIEHL, M. ; STROEBE, W.: Productivity loss in brainstorming groups: Toward the solution of a riddle. In: *Journal of Personality and Social Psychology* 53 (1987), S. 497–509

[DS91] DIEHL, M. ; STROEBE, W.: Productivity loss in idea-generating groups: Tracking down the blocking effect. In: *Journal of Personality and Social Psychology* 61 (1991), S. 392–403

[DVH92] DURAND, D.E. ; VAN HUSS, S.H.: Creativity software and DSS: Cautionary findings. In: *Information and Management* 23 (1992), S. 1–6

[EGR91] ELLIS, C. A. ; GIBBS, S. J. ; REIN, G. L.: Groupware - Some Issues and Experiences. In: *Communications of the ACM* 34 (1991), S. 38–58

[EK08] ECHTLER, Florian ; KLINKER, Gudrun: A multitouch software architecture. In: *NordiCHI '08: Proceedings of the 5th Nordic conference on Human-computer interaction*, ACM, 2008, S. 463–466

[EM90] ELAM, J.J. ; MEAD, M.: Can Software Influence Creativity. In: *Information Systems Research* 1 (1990), S. 1–22

[Eys95] EYSENCK, H. J.: *Genius: The natural history of creativity*. Cambridge University Press, 1995

[FB08] FORSTER, Florian ; BROCCO, Michele: Understanding Creativity-Technique Based Problem Solving Processes. In: LOVREK, Ignac (Hrsg.) ; HOWLETT, Robert J. (Hrsg.) ; JAIN, Lakhmi C. (Hrsg.): *12th International Conference on Knowledge-Based Intelligent Information and Engineering Systems* Bd. 5178, Springer, 2008, S. 806–813

[Fel99] FELDMAN, David H.: The Development of Creativity. In: STERNBERG, Robert J. (Hrsg.): *Handbook of Creativity*. Cambridge University Press, 1999, Kapitel 9, S. 169–187

[FN93] FERNALD, L. W. ; NICKOLENKO, P.: The creative process: Its use and extent of formalization by corporations. In: *Journal of Creative Behaviour* 27 (1993), Nr. 3, S. 214–220

[For08] FORSTER, Florian: Distributed Creative Problem Solving over the Web. In: *Proceedings of the Third International Conference on Internet and Web Applications and Services*, IEEE Computer Society, 2008, S. 283–288

[Fow02] FOWLER, Martin: *Patterns of Enterprise Application Architecture*. Addison-Wesley, 2002

[FS86] FOSTER, Gregg ; STEFIK, Mark: Cognoter: theory and practice of a colaborative tool. In: *CSCW '86: Proceedings of the 1986 ACM conference on Computer-supported cooperative work*, ACM, 1986, S. 7–15

[FW09] FORSTER, Florian ; WARTIG, Harald: Creativity Techniques for Collocated Teams Using a Web-Based Virtual Whiteboard. In: *Proceedings of the Third International Conference on Internet and Web Applications and Services*, IEEE Computer Society, 2009, S. 7–11

[FWS92] FINKE, Ronald A. ; WARD, Thomas B. ; SMITH, Steven M.: *Creative Cognition: Theory, Research and Application*. Bradford, The MIT Press, 1992

[Get75] GETZELS, J.W.: Problem finding and the inventiveness of solutions. In: *Journal of Creative Behaviour* 9 (1975), S. 12–18

[GHJV04] GAMMA, Erich ; HELM, Richard ; JOHNSON, Ralph ; VLISSIDES, John: *Entwurfsmuste: Elemente wiederverwendbarer objektorientierter Software*. Addison-Wesley, 2004

[GL05] GESCHKA, Horst ; LANTELME, Gudrun: Kreativitätstechniken. In: SÖNKE ALBERS, Oliver G. (Hrsg.): *Handbuch Technologie- und Innovationsmanagement*. Gabler Verlag, 2005, S. 287–303

[GR83] GESCHKA, Horst ; REIBNITZ, Ute v.: *Vademecum der Ideenfindung*. Battelle, 1983

[Gro] GROUPSYSTEMS: *ThinkTank*. http://www.groupsystems.com//resources/custom/PDFs/ThinkTank-Quick-Start-Guide.pdf

[Gui50] GUILFORD, Joy P.: Creativity. In: *American Psychologist* 5 (1950), S. 444–454

[Gui67] GUILFORD, Joy P.: *The nature of human intelligence*. McGraw - Hill, 1967

[HDRJ02] HENDER, Jillian M. ; DEAN, Douglas L. ; RODGERS, Thomas L. ; JR, Jay F. N.: An Examination of the Impact of Stimuli Type and GSS Structure on Creativity: Brainstorming Versus Non-Brainstorming Techniques in a GSS Environment. In: *Journal of Management Information Systems* 18 (2002), Nr. 4, S. 59–85

[HH08] HERRMANN, Andreas ; HUBER, Frank: *Produktmanagement: Grundlagen - Methoden - Beispiele*. Gabler, 2008

[HS07] HAUSCHILDT, Jürgen ; SALOMO, Sören: *Innovationsmanagement*. Vahlen, 2007

[Isa98] ISAKSEN, Scott G.: A Review of Brainstorming Research: Six Critical Issues for Inquiry / Creative Problem Solving Group. Buffalo, New York, 1998. – Forschungsbericht

[Joh97] JOHANSSON, Björn: *Die Anwendung von Kreativitätstechniken im Marketingbereich*. 2. Bern, 1997

[KA00] KURTZBERG, T. R. ; AMABILE, T. M.: From Guilford to Creative Synergy: Opening the Black Box of Team Level Creativity. In: *Creativity Research Journal* 13 (2000), S. 285–294

[KB83] KERR, N.L. ; BRUUN, S.E.: Dispensability of member effort and group motivation losses: Free-rider effects. In: *Journal of Personality and Social Psychology* 44 (1983), S. 78–94

[KBM09] KOCH, Michael ; BULLINGER, Angelika C. ; MÖSLEIN, Kathrin M.: Social Software für Open Innovation - Die Integration interner und externer Innovatoren. In: ZERFASS, Asgar (Hrsg.) ; MÖSLEIN, Kathrin M. (Hrsg.): *Kommunikation als Erfolgsfaktor im Innovationsmanagement - Strategien im Zeitalter der Open Innovation.* Gabler, 2009, S. 159–175

[Kim06] KIM, Kyung H.: Can We Trust Creativity Tests? A Review of the Torrance Tests of Creative Thinking (TTCT). In: *Creativity Research Journal* 18 (2006), S. 3–14

[Krc06] KRCMAR, Helmut: *Informationsmanagement.* 4. Springer, 2006

[Lob93] LOBERT, B.M.: *The impact of group support systems on idea incubation: Exploring creativity in information system development projects.*, The City University of New York, Diss., 1993

[May99] MAYER, Richard E.: Fifty Years of Creativity Research. In: STERNBERG, Robert J. (Hrsg.): *Handbook of Creativity.* Cambridge University Press, 1999, Kapitel 22, S. 449–460

[McF98] MCFADZEAN, Elspeth: The Creativity Continuum: Towards a Classification of Creative Problem Solving Techniques. In: *Creativity and Innovation Management* 7 (1998), Nr. 3, S. 131

[ME97] MARAKAS, George M. ; ELAM, Joyce J.: Creativity Enhancement in Problem Solving: Through Software or Process? In: *Management Science* 43 (1997), Nr. 8, S. 1136–1146

[Med62] MEDNICK, S.A.: The associative basis of the creative process. In: *Psychological Review* 69 (1962), S. 220–232

[MHS95] MARK, Gloria ; HAAKE, Jörg M. ; STREITZ, Norbert A.: The Use of Hypermedia in Group Problem Solving: An Evaluation of the DOLPHIN Electronic Meeting Room Environment. In: *Proceedings of the Fourth European Conference on Computer-Supported Cooperative Work*, Springer, 1995, S. 197–212

[MK97] MURPHY, S.A. ; KUMAR, V.: The front end of new product development: a Canadian survey. In: *R&D Management* 27 (1997), S. 5–16

[MP01] MAGERKURTH, C. ; PRANTE, T.: Metaplan für die Westentasche - Mobile Computerunterstützung für Kreativitätssitzungen. In: *Tagungsband der GI-*

Fachtagung Mensch & Computer 2001 (MC'01), Teubner Verlag, 2001, S. 163–171

[MW94] MacCrimmon, Kenneth ; Wagner, Christian: Stimulating Ideas Through Creativity Software. In: *Management Science* 40 (1994), Nr. 11, S. 1514–1532

[MWLM07] Malins, Julian ; Watt, Stuart ; Liapis, Aggelos ; McKillop, Chris: Tools and Technology to Support Creativity in Virtual Teams. In: MacGregor, Steven P. (Hrsg.) ; Torres-Coronas, Teresa (Hrsg.): *Higher Creativity for Virtual Teams. Developing Platforms for Co-Creation.* Cambridge University Press, 2007, Kapitel 11, S. 224–245

[Myc] Mycoted: *Creativity & Innovation, Science & Technology.* `http://www.mycoted.com`,

[NB94] Nagasundaram, Murli ; Bostrom, Robert P.: The structuring of creative processes using GSS: a framework for research. In: *Journal of Management Information Systems* 11 (1994), Nr. 3, S. 87–114

[NBM+97] Nunamaker, Jay ; Briggs, Robert O. ; Mittleman, Daniel D. ; Vogel, Douglas R. ; Balthazard, Pierre A.: Lessons from a Dozen Years of Group Support Systems Research: A Discussion of Lab and Field Findings. In: *Journal of Management Information Systems* 13 (1997), Nr. 3, S. 163–207

[NDV+91] Nunamaker, Jay ; Dennis, Alan ; Valacich, Joseph ; Vogel, Douglas ; George, Joey: Electronic Meeting Systems to Support Group Work. In: *Communications of the ACM* 34 (1991), Nr. 7, S. 40–61

[Nem04] Nemiro, Jill: *Creativity in Virtual Teams.* Pfeiffer, 2004

[Nes87] Ness, Paul: *Creative Software Development*, University of Warwick, UK, Diss., 1987

[NMHK07] Neupane, Ujjwal ; Miura, Motoki ; Hayama, Tessai ; Kunifuji, Susumu: Qualitative, Quantitative Evaluation of Ideas in Brain Writing Groupware. In: *IEICE Transactions* 90-D (2007), Nr. 10, S. 1493–1500

[Noc03] Nock, Clifton: *Data Access Patterns: Database Interactions in Object-Oriented Applications.* Addison-Wesley, 2003

[NTF06] Nakakoji, Kumiyo ; Tanaka, Atau ; Fallman, Daniel: Sketching nurturing creativity: commonalities in art, design, engineering and research. In: *CHI '06: CHI '06 extended abstracts on Human factors in computing systems*, ACM, 2006, S. 1715–1718

[Osb93] Osborn, Alex F.: *Applied imagination. Principles and Procedures of Creative Thinking.* 3rd. Creative Education Foundation, 1993

[Par92] PARNES, Sidney J.: *Source Book for Creative Problem Solving : A Fifty Year Digest of Proven Innovation Processes*. Creative Education Foundation, 1992

[Par99] PARKHURST, Howard B.: Confusion, Lack of Consensus, and the Definition of Creativity as a Construct. In: *Journal of Creative Behaviour* 33 (1999), S. 1–21

[PBGH99] PINSONNEAULT, Alain ; BARKI, Henri ; GALLUPE, R. B. ; HOPPEN, Norberto: Electronic Brainstorming: The Illusion of Productivity. In: *Information Systems Research* 10 (1999), Nr. 2, S. 110–133

[PD93] PAULUS, P.B. ; DZINDOLET, M.T: Social influence processes in group brainstorming. In: *Journal of Personality and Social Psychology* 54 (1993), S. 575–586

[PDD+02] PAULUS, Paul B. ; DUGOSH, Karen L. ; DZINDOLET, Mary T. ; COSKUN, Hamit ; PUTMAN, Vicky L.: Social and Cognitive Influences in Group Brainstorming: Predicting Production Gains and Losses. In: *European Review of Social Psychology* 12 (2002), S. 299–325

[PNS03] PRETZ, Jean E. ; NAPLES, Adam J. ; STERNBERG, Robert J.: Recognizing, Defining and Representing Problems. In: *The psychology of problem solving*. Cambridge University Press, 2003, S. 3–27

[PR99] PLUCKER, Jonathan A. ; RENZULLI, Joseph S.: Psychometric Apporaches to the Study of Human Creativity. In: STERNBERG, Robert J. (Hrsg.): *Handbook of Creativity*. Cambridge University Press, 1999, Kapitel 3, S. 35–61

[Pro89] PROCTOR, Tony: Experiments with two computer assisted creative problem solving aids. In: *Omega* 17 (1989), Nr. 2, S. 197–200

[Pro97] PROCTOR, Tony: New Developments in Computer Assisted Creative Problem Solving. In: *Creativity and Innovation Management* 6 (1997), Nr. 2, S. 94

[Pye01] PYERIN, Brigitte: *Kreatives wissenschaftliches Schreiben: Tipps und Tricks gegen Schreibblockaden*. Juventa, 2001

[RBN07] REINIG, Bruce ; BRIGGS, Robert ; NUNAMAKER, Jay: On the measurement of Ideation Quality. In: *Journal of Management Information Systems* 23 (2007), Nr. 4, S. 143–161

[Rho61] RHODES, M.: An analysis of creativity. In: *Phi Delta Kappa* 42 (1961), S. 305–310

[Rog54] ROGERS, Carl R.: Towards a theory of creativity. In: *ETC: A review of general semantics* 11 (1954), S. 249–260

[Roh75] ROHR, Alexander: *Kreative Prozesse und Methoden zur Problemlösung.* Beltz, 1975

[RT99] RÄNSCH-TRILL, Barbara: *Kreativität. Phänomen - Begriff - sportwissenschaftliche Aktualität.* Academia Verlag, 1999

[SBR+95] SHEPHERD, Morgan M. ; BRIGGS, Robert O. ; REINIG, Bruce A. ; YEN, Jerome ; NUNAMAKER, Jay F. Jr.: Invoking Social Comparison to Improve Electronic Brainstorming: Beyond Anonymity. In: *Journal of Management Information Systems* 12 (1995), Nr. 3, S. 155 – 170

[SCD+07] SHNEIDERMAN, Ben ; COLWELL, Rita ; DIAMOND, Sara ; GREENHALGH, Paul ; WULF, William: Bridging art and science with creativity support tools. In: *Proceedings of the 6th ACM SIGCHI conference on Creativity & Cognition*, ACM Press, 2007, S. 309–309

[Sch75] SCHNELLE, E.: *Metaplan-Gesprächstechnik. Kommunikationswerkzeug für die Gruppenarbeit.* Quickborn - Metaplan GmbH., 1975

[Sch93] SCHLICKSUPP, Helmut: *Kreativ-Workshop.* Vogel, 1993

[Sch06] SCHNETZLER, Nadja: *Die Ideenmaschine: Methode statt Geistesblitz.* Wiley-VCH, 2006. – 229 S.

[Sch08] SCHÄFER, Annette: *Die Kraft der schöpferischer Zerstörung: Joseph A. Schumpeter.* Campus Verlag, 2008

[SFSS79] STREBEL ; FRENZEL ; SILBER ; STEINHOFF: *Innovation und ihre Organisation in der mittelständischen Industrie. Ergebnisse einer empirischen Untersuchung.* Berlin : Wissenschaftsverlag, 1979

[SGH94] STREITZ, N.A. ; GEISSLER, J ; , J.M. Haake ; HOL, J.: DOLPHIN: Integrated Meeting Support across Liveboards, Local and Remote Desktop Environments. In: *Proceedings of the ACM Conference on Computer Supported Cooperative Work*, 1994, S. 345–358

[SH60] STEIN, Morris ; HEINZE, S.: *Creativity and the individual.* The Free Press, 1960

[Sha98] SHAUGNESSY, Michael F.: An Interview with Paul Torrance: About Creativity. In: *Educational Psychology Review* 10 (1998), S. 441–452

[She78] SHEPARD, R.N.: Externalization of mental images and the act of creation. In: RANDHAWA, B.S. (Hrsg.) ; COFFMAN, W.E. (Hrsg.): *Visual learning, thinking and communication.* New York Academic Press, 1978, S. 133–189

[Shn07] SHNEIDERMAN, Ben: Creativity support tools: accelerating discovery and innovation. In: *Communications of the ACM* 50 (2007), Nr. 12, S. 20–32

[SL99] STERNBERG, Robert J. ; LUBART, Todd I.: The Concept of Creativity: Prospects and Paradigms. In: STERNBERG, Robert J. (Hrsg.): *Handbook of Creativity.* Cambridge University Press, 1999, Kapitel 1, S. 3–14

[Son07] SONNENBURG, Stephan: *Kooperative Kreativität. Theoretische Basisentwürfe und organisationale Erfolgsfaktoren.* Vs Verlag, 2007

[SRH97] STREITZ, Norbert A. ; REXROTH, Petra ; HOLMER, Torsten: Does roomware matter ? Investigating the role of personal and public information devices and their combination in meeting room collaboration. In: *Proceedings of the Fifth European Conference on Computer-Supported Cooperative Work*, 1997, 207–312

[TBB58] TAYLOR, D.W. ; BERRY, P.C. ; BLOCK, C.H.: Does group participation when using brainstorming facilitate or inhibit creative thinking? In: *Administrative Science Quarterly* 6 (1958), S. 22–47

[TK78] THOMPSON, A.L. ; KLATZKY, R.L.: Studies of visual synthesis: Integration of fragments into forms. In: *Journal of Experimental Psychology: Human Perception and Performance* 4 (1978), S. 244–263

[Van88] VANGUNDY, Arthur B.: *Techniques of Structured Problem Solving.* Van Nostrand Reinhold, 1988

[Van92] VANGUNDY, Arthur B.: *Idea Power.* AMACOM, 1992

[VDC94] VALACICH, Joseph S. ; DENNIS, Alan R. ; CONNOLLY, Terry: Idea Generation in Computer-Based Groups: A New Ending to an Old Story. In: *Organizational Behavior and Human Decision Processes* 57 (1994), Nr. 3, S. 448–467

[Ver05] VERWORN, Birgit: *Die frühen Phasen der Produktentwicklung.* Gabler, 2005

[VMWW93] VALACICH, J.S ; MENNECKE, B.E. ; WACHTER, R. ; WHEELER, B.C.: Computer-mediated idea generation: the effects of group size and group heterogeneity. In: *Proceedings of the 26. Hawaii International Conference on System Sciences* Bd. 4, 1993, S. 152–160

[Wal26] WALLAS, Graham: *The Art of Thought.* Harcourt Brace, 1926

[Wat98] WATSON, John B.: *Behaviorism.* Transaction Publishers, 1998

[WSF99] WARD, Thomas B. ; SMITH, Steven M. ; FINKE, Ronald A.: Creative Cognition. In: STERNBERG, Robert J. (Hrsg.): *Handbook of Creativity.* Cambridge University Press, 1999, Kapitel 10, S. 189–212

A Kreativitätstechniken

Im Folgenden werden die bei der Entwicklung des einheitlichen Prozessmodells untersuchten Kreativitätstechniken kurz beschrieben und teilweise mit Beispielen illustriert. Für detailliertere Beschreibungen sei auf [Van88] und [Myc] verwiesen.

Analogietechnik

Bei der Analogietechnik geht es darum, charakteristische Merkmale aus der Problemstellung zu identifizieren und sich Objekte, Situationen, Orte etc. zu überlegen, die in diesen Merkmalen ähnlich sind. Diese Objekte werden dann als mentale Stimuli genutzt, um Lösungsideen für die ursprüngliche Problemstellung zu finden.

Beispiel

Eine Firma sucht nach Ideen, wie sie die Motivation ihrer Mitarbeiter steigern kann. Zu Beginn der Kreativitätssitzung nach der Analogietechnik wird sie aufgefordert, sich einen Ort zu überlegen, der in einem bestimmten Merkmal eine Ähnlichkeit zur Problemstellung hat, ansonsten aber nichts direkt damit zu tun hat. Den Teilnehmern fällt dazu z.B. ein Fitnesscenter ein, weil es dort auch darum geht, etwas zu steigern (nämlich die Fitness). Daraus leiten sie als erste Ideen ab, durch eine vergünstigte Fitnesscenter-Mitgliedschaft oder durch einen Fitnesswettbewerb die Motivation der Mitarbeiter zu steigern.

Annahmenumkehr

Bei dieser Technik werden die Grundannahmen, die man von einem Problem bzw. der Lösung für ein Problem hat, auf provokative Art umgekehrt. Mit der Technik werden eher ungewöhnliche Lösungsideen generiert. Sie eignet sich besonders dann, wenn man sich mit dem Problem schon ein wenig befasst hat und die naheliegenden Lösungen bereits gefunden hat.

Beispiel

Es wird nach einer Idee für ein neuartiges Restaurant gesucht. Eine Annahme könnte sein, dass in Restaurants Köche für Gäste kochen. Die Umkehrung dieser Annahme wäre, dass die Gäste für Köche kochen. Dies könnte zur Idee eines Kochwettbewerb-Restaurants führen, bei dem die Teilnehmer einmal die Woche um die Gunst der Chefköche kochen.

Anonymes Brainstorming

Dabei handelt es sich eigentlich um eine Brainwriting- (und keine Brainstorming-) Methode, bei der darauf geachtet wird, dass die Ideen der Teilnehmer nicht ihren Verfassern zugeordnet werden können.

Attributlisten

Attributlisten basieren auf dem Prinzip, Attribute einer möglichen Lösung zu finden und dann alternative Ausprägungen für diese Attribute zu generieren. Im Anschluss wird versucht, durch Kombination der Attributausprägungen neue Idee zu bilden. Die Attributliste ähnelt von der Prozessstruktur stark der Morphologischen Analyse.

Battelle-Methode

Die Battelle-Methode ist eine mehrstufige Bewertungsmethode, die auf die effiziente Bewertung einer großen Anzahl von Ideen ausgelegt ist. Grundidee ist es, zunächst sehr einfache Bewertungsverfahren zu haben, bei denen schnell eine große Anzahl an Ideen ausgefiltert wird, und erst später eine detailliertere (und damit zeitaufwändige) Evaluierung vorgenommen werden muss. Zunächst sollen die Teilnehmer K.O.-Kriterien definieren, und für jede zu bewertende Idee entscheiden, ob sie die Kriterien erfüllt. Im zweiten Schritt werden weitere Kriterien geprüft, die wieder mit ja/nein beantwortet werden können, die aber keine K.O.-Kriterien darstellen. Ideen, die eine von der Gruppe zu definierende Schwelle an positiven Bewertungen erreichen, werden in einer dritten Stufe bewertet. Dort werden Kriterien auf einer feineren Skala geratet.

Bionik

Bei der Bionik geht es darum, durch Betrachten von Analogien aus der Natur auf neue Lösungsideen zu kommen. Dazu werden zunächst Analogien zur Problemstellung aus der Natur gesucht. Jede Analogie wird dann daraufhin untersucht, wie die Problemlösung bzw. Teile davon durch die Natur gelöst werden. Im Schlussschritt wird dann versucht, die Lösungsprinzipien aus der Natur auf das Ausgangsproblem zu übertragen.

Brainsketching

Bei dieser Technik dürfen die Teilnehmer ihre Ideen für ein gegebenes Problem ausschließlich in Form von Skizzen ausdrücken. Die Ideen werden dann auf eine für alle Teilnehmer einsehbare Pinnwand geklebt, oder wie bei der Brainwriting 6-3-5 Technik nach einer bestimmten Zeit zwischen den separat arbeitenden Teilnehmern weitergereicht.

Brainstorming

Brainstorming ist eine Gruppen-Ideengenerierungstechnik, bei der sich die Teilnehmer an vier Grundregeln halten müssen:

- Kritik ist nicht erlaubt.
- Wilde und unüblichen Lösungen sind ausdrücklich erwünscht.
- Das Verbessern von bereits geäußerten Ideen ist ausdrücklich erwünscht.
- Es sollen möglichst viele Ideen generiert werden (Quantität vor Qualität).

Brainwriting

Das Brainwriting ist eine Variante der Brainstorming-Methode, bei der die Ideen nicht wie beim Brainstorming üblich mündlich, sondern ausschließlich schriftlich formuliert werden.

Die Ideen werden dabei in der Regel auf große Karteikarten geschrieben und zentral für alle Teilnehmer sichtbar positioniert.

Brainwriting 6-3-5 (Methode 6-3-5)

Eine alternative Brainwriting-Methode, bei der die Teilnehmer zunächst in Sechsergruppen aufgeteilt werden und dann in mehreren Runden à 5 Minuten jeweils alleine Ideen für das Problem generieren. Dabei bekommen sie zu Beginn einer Runde die Ideen ihres Vorgängers als Basisideen, die sie mit neuen Aspekten ergänzen sollen. Die Technik kann auch mit weniger als 6 (mindestens 2) Personen sinnvoll durchgeführt werden. Ein Vorteil dieser Technik liegt daran, dass sich am Ende jeder Teilnehmer in jeder Idee eingebracht hat.

Buglisting

Das Buglisting ist eine Kreativitätstechnik, die dabei hilft, interessante oder vielversprechende Problemstellungen zu identifizieren. Dazu sammeln die Teilnehmer zunächst allgemein oder auf einen bestimmten Kontext begrenzt Situationen oder Dinge, die sie stören oder die sie als unbefriedigend gelöst empfinden. Aus den Ergebnissen lassen sich dann häufig konkrete Problemstellungen ableiten, die dann mit anderen Kreativitätstechniken bearbeitet werden können.

Bulletproofing

Mit dieser Technik versucht man, Schwachstellen von Ideen aufzudecken, indem man für jede zu bewertende Ideen zunächst überlegt, was bei der Implementierung der Idee schief gehen könnte und dann versucht, die Folgen dieser Probleme abzuschätzen.

Burg-Technik

Bei der Burg-Technik werden Ideen nach folgendem Prozess bewertet: innerhalb eines gewissen Zeitlimits (i.d.R. maximal eine Stunde) werden zuvor generierte Ideen hinsichtlich drei Kriterien bewertet: Effektivität (in wie weit würde die Ideen die gesetzten Ziele erfüllen?), Praktikabilität (in wie weit kann die Idee mit den gegebenen Ressourcen umgesetzt werden?) und Originalität (in wie weit handelt es sich um eine überraschende / elegante Lösung?). Jeder Teilnehmer kann für jede Kombination aus Kriterium und Idee mit ja oder nein stimmen. Am Ende können die Teilnehmer noch versuchen, aus den Ideen, die die meisten Ja-Stimmen aufeinander vereinigt haben, eine Syntheselösung zu kombinieren.

CATWOE

Die CATWOE-Technik ist eine checklistenbasierte Technik die dabei helfen kann, eine Problemstellung im betrieblichen Umfeld zu präzisieren oder allgemein ein Problem besser zu fassen. Es wird daher empfohlen, die Technik an den Anfang eines Kreativitätsprozesses zu stellen, damit anschließende Prozessschritte von einer genauer formulierten Problemstellung profitieren können. Wenn im betrieblichen Umfeld ein Problem aufgetreten ist, sollen die Teilnehmer folgende Punkte zunächst diskutieren, bevor sie versuchen, das Problem zu lösen:

1. Customers: Wer sind unsere Kunden, und in wie weit sind sie vom Problem betroffen?
2. Actors: Wer ist in das Problem involviert? Wer kann bei einer Lösung helfen?
3. Transformation Process: Welche Prozesse oder Systeme sind vom Problem betroffen?
4. World View: Wie steht das Problem in einem größeren Zusammenhang? Welche Konsequenzen sind im großen Maßstab (über eine lange Zeit) zu befürchten?
5. Owner: Wer ist der Eigentümer des Bereichs, in dem das Problem aufgetreten ist? Welche Rolle wird der Eigentümer bei der Lösung einnehmen?
6. Environmental Constraints: Welche Nebenbedingungen und Beschränkungen beeinflussen eine Lösung und den Erfolg?

Collective Notebook

Bei der Collective Notebook - Technik sollen die Teilnehmer sich über einen langen Zeitraum (i.d.R. mehrere Wochen) unabhängig voneinander Ideen zu einem gegebenen Problem machen und diese Ideen in einem Notizbuch festhalten. Danach werden die Notizbücher aller Teilnehmer eingesammelt, die Ideen extrahiert und dann in einer Gruppensitzung diskutiert und ggf. erweitert.

Disney-Technik

Bei der (Walt-)Disney-Bewertungstechnik werden Ideen aus drei verschiedenen Blickwinkeln bewertet. Die Teilnehmer nehmen dabei jede Position einmal ein. Die Positionen sind:

- Träumer: Der Träumer ist positiv eingestellt, visionär und enthusiastisch.
- Realist: Der Realist ist pragmatisch orientiert und denkt vor allem an konkrete Schritte zur Umsetzung und an deren Folgen.
- Kritiker: Der Kritiker ist eher negativ eingestellt, grundsätzlich skeptisch und auf Sicherheit bedacht.

Five Ws and H

Ziel dieser Kreativitätstechnik ist es, die gegebene Problemstellung präziser verstehen zu lernen und damit einen größeren Lösungsraum aufspannen zu können. Die Teilnehmer sollen sich dabei nacheinander die bekannten W-Fragen im Bezug auf das zu lösende Problem stellen, also Wer? Wie? Was? Wieso? Wann? und Wie? [1]. Neben dem Aufdecken von Zusammenhängen im Lösungsraum führt die intensive Auseinandersetzung mit der Problemstellung auch häufig zu einer erwünschten Präzisierung der Problemstellung.

Freies Assoziieren

Das freie Assoziieren beginnt damit, ein Wort oder ein beliebiges Symbol, das mit dem Problem im Zusammenhang steht, aufzuschreiben. Im Anschluss werden alle Assoziationen, die den Teilnehmern zu dem Wort/Symbol einfallen, niedergeschrieben. Dabei spielt es überhaupt keine Rolle, ob die Assoziationen mit dem Problem im Zusammenhang stehen. Erst danach werden diejenigen Assoziationen ausgesucht, die für eine Lösung des Problems nützlich sein könnten, und auf deren Basis wird dann versucht, Ideen für das Problem zu generieren.

[1] Das H im Namen der Technik ergibt sich aus dem englischen How, im deutschen sind es tatsächlich sechs W.

Four-Futures

Die Four-Future-Technik gibt vier unterschiedliche Szenarien vor, die die gesellschaftliche und wirtschaftliche Entwicklung in der Zukunft beschreiben. Die Ideen werden daraufhin im Hinblick auf diese Szenarien bewertet.

Gap-Analyse

Bei der Gap-Analyse werden im ersten Schritt schon bekannte Lösungsideen für das Problem gesucht. Danach wird für jede Idee überlegt, welche Lücken zwischen der Idee und einer optimalen Lösung existieren. Am Schluss wird darüber nachgedacht, wie diese Lücken konkret gefüllt werden können.

Grenzenuntersuchung

Die Teilnehmer versuchen zunächst, Begrenzungen, die sie von möglichen Lösungen des Problems haben, zu formulieren. Diese werden dann nacheinander für ungültig erklärt, es werden also jeweils Ideen generiert unter der Annahme, dass die Grenze nicht existent sei.

Grußkarten

Die Teilnehmer werden in Gruppen zu 4 oder 5 Personen eingeteilt. Sie werden gebeten, aus Katalogen und Zeitschriften Bilder auszuschneiden, die sie für interessant halten. Aus diesen Bildern können Kollagen zusammengebaut werden, die unter einem gemeinsamen Thema stehen könnten (Grußkarten).

Kreative Evaluation

Die kreative Evaluation ist eine einfache Bewertungsmethode, die meistens zur Vorselektion von Ideen durch eine Gruppe eingesetzt wird, die die Ergebnisse dann an einen Entscheider weiterleiten kann. Dabei wird jede Idee in Bezug auf den Aufwand ihrer Implementierung von den Teilnehmern in eine von drei Kategorien eingeteilt:

- Einfach: Idee kann mit sehr wenig Aufwand umgesetzt werden.
- Mittel: Die Umsetzung der Idee verlangt nicht unerhebliche Ressourcen.
- Schwierig: Die Umsetzung der Idee ist sehr aufwändig.

Klischees, Sprichwörter und Maximen

Die Teilnehmer der Sitzung überlegen sich ein beliebiges Klischee, Sprichwort oder eine Maxime, die nicht direkt mit dem Problem im Zusammenhang steht. Dann überlegen sie sich (ohne den Zusammenhang zum Problem herzustellen), welche Implikationen aus der Maxime ableitbar sind. Unter Berücksichtigung dieser Implikationen werden dann Ideen zum ursprünglichen Problem entwickelt.

Metaphern

Die Teilnehmer versuchen zunächst, eine geeignete Metapher zu ihrem Problem zu formulieren. Mit dieser Metapher als geistigen Stimulus werden dann Ideen generiert.

Morphologische Analyse

Die morphologische Analyse basiert auf dem Prinzip, ein Problem zunächst in kleinere Einzelprobleme zu zerlegen. Dann werden Ideen für die Einzelprobleme gesammelt, und schließlich durch Kombination der Ideen Lösungen für das Ausgangsproblem generiert.

Beispiel

Eine Möbelfirma möchte einen extravaganten Tisch entwerfen. Im ersten Schritt werden Komponenten einer Lösung für das Problem identifiziert, z.B. Anzahl der Tischbeine, Material, Höhe und Form. Für jede der Komponenten werden dann mögliche Ausprägungen gesammelt: für die Beine sind dies beispielsweise 0, 1, 2,3, und 4, für das Material käme Gummi, Kork, Holz oder Glas in Frage usw. Am Ende wird aus den Ausprägungen eine Idee für einen Tisch zusammengestellt, z.B. ein Glastisch, der keine Beine braucht, weil er an der Decke befestigt ist.

Negatives (oder umgekehrtes) Brainstorming

Negatives Brainstorming zielt auf das Identifizieren von Schwachstellen von Ideen ab, die wiederum Grundlage für die Verbesserung dieser Ideen darstellen. Dabei werden Ideen aus einem vorhergehenden Kreativitätsprozess nacheinander von den Teilnehmern kritisiert. Auf Basis der Kritikpunkte wird dann versucht, die Ideen zu verbessern.

Osborns Checkliste

Die Osborn-Checkliste ist eine Frageliste, mit deren Hilfe neue Perspektiven für eine Lösung eröffnet werden sollen. Sie eignet sich besonders dann, wenn schon ein paar Lösungen für ein Problem bekannt sind.

Beispiel

Ein Unternehmen stellt sich die Frage, wie man mehr Besucher für die Firmen-Website begeistern kann. Als Ausgangslösung dient die bestehende Website. Im Ablauf der Technik wird u.a. die Frage gestellt, ob durch eine Verkleinerung der bestehenden Lösung eine Verbesserung erzielt werden könnte. Daraus lässt sich die Idee ableiten, den Internetauftritt radikal zu vereinfachen, um die Bedienung zu vereinfachen und den Anwendernutzen zu erhöhen.

Problemumkehr

Im ersten Schritt werden die Teilnehmer gebeten, eine zum ursprünglichen Problem gegenteilige Problemdefinition zu formulieren. Für dieses umgekehrte Problem werden dann Ideen gesammelt. Danach wird versucht, durch Negation der Ideen wieder zu Ideen für das ursprüngliche Problem zu kommen.

Progressive Abstraktion

Bei dieser Technik wird die Problemstellung schrittweise abstrahiert, um allgemeine Lösungen zu finden, die sich dann entweder wieder auf das Ursprungsproblem anwenden lassen oder zu völlig neuartigen Richtungen führen.

Beispiel

Eine Firma für Gartengeräte will einen innovativen Rasenmäher entwickeln. Als Ideen für diese Problemstellung fällt einer Gruppe beispielsweise ein Rasenmäher mit leiserem Schneidewerk ein, oder ein Rasenmäher, der durch bestimmte Sensoren in die Lage versetzt wird, das Schneidewerk zu stoppen, wenn er über größere Steine fährt. Im nächsten Schritt beschäftigt sich die Gruppe mit einer abstrakteren Formulierung des Problems: Wie könnte eine Maschine allgemein Gras kürzen? Aus dieser Perspektive kommt den Mitarbeitern beispielsweise die Idee, einen Rasenmäher zu bauen, der den Rasen (z.B. mit einem Laser) punktuell abbrennt und dadurch extrem leise arbeiten kann. Ein weiterer Abstraktionsschritt kann zur Frage führen, wie man allgemein verhindern kann, das Gras eine bestimmte Länge überschreitet. Dadurch können die Teilnehmer z.B. auf die Idee kommen, nach einer Rasensorte zu forschen, die nur 5cm hoch wachsen kann, so dass Rasenmäher nicht mehr notwendig sind.

Provokationstechnik

Bei dieser Technik werden provokative Statements als Stimuli genutzt, um die Denkrichtung der Teilnehmer zu verändern.

Reizworttechnik

Reizwörter werden als mentale Sprungbretter eingesetzt, indem man zufällig gefundene Begriffe aus anderen Lebenswelten mit dem Problem (allegorisch) verknüpft.

Beispiel

Eine Familie überlegt sich, wohin sie dieses Jahr in den Urlaub fahren soll. Als Reizwort wählt sie (zufällig) Taschenmesser. Zu dem Reizwort fällt einem Beteiligten die Assoziation 'enthält auf kleinem Raum fast alles, was man braucht' ein. Dies überträgt er auf die Idee, mit einem Wohnmobil in den Urlaub zu fahren.

SCAMPER

Mit der SCAMPER-Methode können, ähnlich wie mit der Osborn-Checkliste, neue Sichtweisen auf eine Lösung eines Problems aufgezeigt werden. Dabei werden verschiedene Stimuli gegeben, die auf eine Modifikation von schon bekannten Lösungsideen hinauslaufen.

Six-Thinking-Hats

Six-Thinking-Hats ist eine Kreativitätstechnik, bei der die Teilnehmer dazu angehalten werden, unterschiedliche Rollen einzunehmen, die mit verschiedenen Denkrichtungen in Verbindung stehen. Das Einnehmen einer Rolle wird dabei in der Urform der Technik durch das Aufsetzen eines farbigen Hutes äußerlich sichtbar gemacht. Hinter den Hüten stehen dabei folgende Denkrichtungen:

- Weißer Hut: Rein auf Fakten und Zahlen basierendes Denken.
- Roter Hut: Gefühle und Emotionen.
- Schwarzer Hut: Kritik und Vorsicht.
- Gelber Hut: Positiv pragmatisches Denken.
- Grüner Hut: Kreatives, unübliches und originelles Denken.
- Blauer Hut: Moderator, Kontrolle des Prozesses und Überwachung der Einhaltung der Denkrichtungen der anderen.

SWOT

Die SWOT-Analyse ist eine Ideenbewertungstechnik, die ihren Ursprung im strategischen Management hat. Dabei werden Ideen jeweils hinsichtlich ihren Stärken und Schwächen sowie in Bezug auf die sich durch ihre Umsetzung ergebenden Chancen und Risiken evaluiert.

Superheldentechnik

Bei der Superheldentechnik übernimmt jeder Teilnehmer die Rolle eines Superhelden, der bestimmte außergewöhnliche Fähigkeiten auf sich vereint. Z.B. Superman, der unglaublich stark ist und fliegen kann, oder Spiderman, der Wände und Decken entlang klettern kann. Unter der Annahme, die jeweiligen Fähigkeiten zu besitzen, versuchen die Teilnehmer nun, die gegebene Problemstellung zu lösen. Die Technik führt damit tendenziell zu sehr ungewöhnlichen Ideen, die meistens noch in einem Folgeschritt auf die Realität übertragen werden müssen.

Übertreibungstechnik

Bei der Übertreibungstechnik wird das ursprüngliche Problem in seinem Ausmaß oder in seiner Wirkung erheblich übertrieben. Für dieses übertriebene Problem versucht man dann, Lösungen zu generieren, die man schließlich wieder auf das ursprüngliche Problem zu übertragen versucht.

Vorteil-Nachteil

Die Vorteil-Nachteil-Technik ist eine Bewertungsmethode, bei der die Teilnehmer zuerst die zu bewertenden Kriterien definieren für eine Lösung definieren. Im Anschluss wird für jedes Kriterium und jede Idee entschieden, ob das Kriterium eher einen Vorteil oder einen Nachteil der Idee darstellt.

Vorteile, Einschränkungen und Alleinstellungsmerkmale

Diese Bewertungstechnik gibt den Teilnehmern vor, Ideen nacheinander hinsichtlich ihrer Vorteile, ihrer Ein- oder Beschränkungen und ihrer Alleinstellungsmerkmale zu beschreiben.

Wishful Thinking

Bei dieser Technik dürfen die Teilnehmer bei der Ideengenerierung zunächst jegliche, durch die Realität vorgegebene Einschränkungen unberücksichtigt lassen und sich somit beliebige Phantasielösungen überlegen. Für jede dieser Lösungen wird dann in einem zweiten Schritt nachgedacht, wie das Lösungsprinzip bzw. einige Teilaspekte der Idee in die Realität transferiert werden könnte.

Printed by Books on Demand GmbH, Norderstedt / Germany